NUEVAS TENDENCIAS DEL DERECHO URBANÍSTICO GLOBAL

EMILIO J. URBINA MENDOZA

Doctor en Derecho (Universidad de Deusto)

Profesor de Postgrado de la Universidad Católica Andrés Bello

NUEVAS TENDENCIAS DEL DERECHO URBANÍSTICO GLOBAL

Presentación:

Allan R. BREWER-CARÍAS

Colección Cuadernos de la Cátedra Fundacional
Allan R. Brewer-Carías de Derecho Administrativo
de la Universidad Católica Andrés Bello

N° 47

Editorial Jurídica Venezolana
Caracas, 2022

Cuadernos publicados

1. Allan R. Brewer-Carías. *Reflexiones sobre la Revolución Americana (1776) y la Revolución Francesa (1789) y sus aportes al constitucionalismo moderno,* Caracas 1992, 208 pp.
2. Carlos M. Ayala Corao. *El régimen presidencial en América Latina y los planteamientos para su reforma (Evaluación crítica de la propuesta de un Primer Ministro para Venezuela),* Caracas 1992, 122 pp.
3. Gerardo Fernández V. *Los Decretos-Leyes (la facultad extraordinaria del Artículo 190, ordinal 8° de la Constitución),* Caracas 1992, 109 pp.
4. Allan R. Brewer-Carías. *Nuevas tendencias del Contencioso-Administrativo en Venezuela,* Caracas 1993, 237 pp.
5. Jesús María Casal H. *Dictadura Constitucional y Libertades Públicas,* Caracas 1993, 187 pp.
6. Ezequiel Monsalve Casado. *Enjuiciamiento del Presidente de la República y de los Altos Funcionarios,* Caracas 1993, 127 pp.
7. Gustavo J. Linares Benzo. *Leyes Nacionales y Leyes Estadales en la Federación Venezolana (La repartición del Poder Legislativo en la Constitución de la República),* Caracas 1995, 143 pp.
8. Rafael J. Chavero Gazdik. *Los Actos de Autoridad,* Caracas 1996, 143 pp.
9. Rafael J. Chavero Gazdik. *La Acción de Amparo contra decisiones judiciales,* Caracas 1997, 226 pp.
10. Orlando Cárdenas Perdomo. *Medidas Cautelares Administrativas (Análisis de la Ley Orgánica de Procedimientos Administrativos, la Ley sobre Prácticas Desleales del Comercio Internacional y la Ley para Promover y Proteger la Libre Competencia),* Caracas 1998, 226 pp.
11. Roxana D. Orihuela Gonzatti. *El avocamiento de la Corte Suprema de Justicia,* Caracas 1998, 158 pp.
12. Antonio Silva Aranguren. *Los actos administrativos complejos,* Caracas 1999, 137 pp.
13. Allan R. Brewer-Carías. *El sistema de justicia constitucional en la Constitución de 1999, (Comentarios sobre su desarrollo jurisprudencial y su explicación, a veces errada, en la Exposición de Motivos),* Caracas 2000, 130 pp.
14. Ricardo Colmenares Olivar. *Los derechos de los pueblos indígenas,* Caracas 2001, 264 pp.
15. María Eugenia Soto Hernández. *El proceso contencioso administrativo de la responsabilidad extracontractual de la Administración Pública venezolana,* Caracas 2003, 139 pp.
16. Fabiola del Valle Tavares Duarte. *Actos Administrativos de la Administración Pública: Teoría general de la Conexión,* Caracas 2003, 113 pp.
17. Allan R. Brewer-Carías. *Principios Fundamentales del Derecho Público,* Caracas 2005, 169 pp.
18. Augusto Pérez Gómez. *Actos de Origen Privado,* Caracas 2006, 266 pp.
19. Jaime Rodríguez Arana. *El Marco Constitucional de los entes Territoriales en España,* Caracas 2006, 185 pp.
20. Henry Jiménez. *Régimen Legal de Hidrocarburos y Electricidad,* Caracas 2006, 279 pp.
21. M. Gabriela Crespo Irigoyen. *La potestad Sancionadora de la Administración Tributaria, Especial referencia al ámbito local en España y Venezuela,* Caracas 2006, 320 pp.
22. Jaime Rodríguez-Arana. *Aproximación al Derecho Administrativo Constitucional,* Caracas 2007, 307 pp.
23. Jesús Antonio García R. *Glosario sobre regulación de servicios públicos y materias conexas,* Caracas 2008, 190 pp.
24. Ricardo Antela. *La Revocatoria del Mandato (Régimen jurídico del Referéndum Revocatorio en Venezuela),* Caracas 2010, 167 pp.
25. Gonzalo Rodríguez Carpio. *El alcance de aplicación territorial del impuesto sobre sucesiones,* Caracas 2011, 106 pp.
26. Juan Domingo Alfonzo Paradisi. *El Régimen de los Estados vs. la Centralización de competencias y de Recursos Financieros,* Caracas 2011, 120 pp.
27. José Ignacio Hernández G. *Introducción al Concepto Constitucional de Administración Pública en Venezuela.* 1ra edición, Caracas 2011, 249 pp.
28. Alfredo Parés Salas. *La responsabilidad patrimonial extracontractual de la Unión Europea por actuaciones conforme a derecho.* 1ra edición, Caracas 2012, 130 pp.
29. Gonzalo Rodríguez Carpio. *La denuncia del Convenio Ciadi; efectos y soluciones jurídicas.* 1ra edición, Caracas 2014, 89 pp.
30. Jaime Vidal Ortiz, Agustín Eduardo Gordillo, Allan R. Brewer-Carías. *La Función Administrativa del Estado. Cuatro amigos, cuatro visiones sobre el derecho administrativo en América Latina.* 1ra edición, Caracas 2014, 248 pp.
31. Tomás A. Arias Castillo. *La revisvicencia de las leyes: Una potestad discrecional de los Tribunales Constitucionales.* 1ra edición, Caracas 2015, 138 pp.

32. Luis Alberto Petit Guerra. *El estado social. Los contenidos mínimos constitucionales de los derechos sociales.* 1ra edición, Caracas 2015, 292 pp.

33. Carlos Reverón Boulton. *El sistema de responsabilidad patrimonial de la administración pública en Venezuela.* 1ra edición, Caracas 2015, 139 pp.

34. Alejandro Gallotti. *El poder de sustitución del juez en la función administrativa.* 1ra Edición, Caracas 2015, 194 pp

35. Jaime Orlando Santofimo-Gamboa. *Respondabilidad del Estado por la actividad judicial.* 1ra edición, Caracas 2016, 168 pp.

36. Joaquín Dongoroz Porras. *El concepto de actividad lucrativa en el impuesto sobre actividades económicas de industria, comercio, servicios o de índole similar (aproximación a la noción de rentas pasivas).* 1ra edición, Caracas 2018, 157 pp.

37. Gladys Stella Rodríguez. *Gobierno Electrónico en Venezuela. Una mirada desde los objetivos del desarrollo del milenio.* 1ra edición, Caracas 2018, 112 pp.

38. Luis A. Viloria. *Aproximación a los mecanismos de control político y su incidencia en el control constitucional.* 1ra edición, Caracas 2018, 176 pp.

39. Allan R. Brewer-Carías. *Sobre las nociones de Contratos Administrativos, Contratos de Interés Público, servicios públicos, interés público, y orden público, y su manipulación legislativa y jurisprudencial,* 1ra edición, Caracas 2018, 250 pp.

40. Emilio J. Urbina Mendoza. *El derecho urbanístico en Venezuela (1946-2019). Entre la tentación centralizadora y la atomización normativa de la ciudad venezolana sofocada,* 1ra edición, Caracas 2019, 130 pp.

42. Allan R. Brewer-Carías. *Derecho Administrativo. Estudios,* Caracas, 2020, 230 pp.

43. Khairy Josvett Peralta Fung. *Contratación pública y compromisos de responsabilidad social. Una nueva forma de tributación,* Caracas 2020, 192 pp.

44. Luis Herrera Oropeza. *¿Constitucionalismo o Neoconstitucionalismo? Aportes a un debate contemporáneo,* Caracas 2020, 106 p.

45. Emilio J. Urbina Mendoza. *La declaratoria de terrenos urbanos como ejidos municipales en Venezuela,* Caracas 2021, 178 p.

46. Allan R. Brewer-Carías. *El procedimiento administrativo en Venezuela. El Proyecto de Ley de 1965 y la ley Orgánica de Procedimientos Administrativos de 1981,* Caracas 2022, pp. 276.

47. Emilio J. Urbina Mendoza. *Nuevas tendencias del derecho urbanístico global,* Caracas 2022, 108 pp.

© EMILIO J. URBINA MENDOZA

ISBN 979-8-88680-251-1

Editado por: Editorial Jurídica Venezolana
Avda. Francisco Solano López, Torre Oasis, P.B.,
Local 4, Sabana Grande,
Apartado 17.598 - Caracas, 1015, Venezuela
Teléfonos: (058) (02) 762-25-53/762-38-42
Fax: (058) (02) 763-5239
http://www.editorialjuridicavenezolana.com.ve
Email fejv@cantv.net

Impreso por: Lightning Source, an INGRAM Content company
para: Editorial Jurídica Venezolana International Inc.
Panamá, República de Panamá.
Email: ejvinternational@gmail.com

Diagramación, composición y montaje
por: Mirna Pinto, en letra Times New Roman, 13,
Interlineado: 14, Mancha 11.5 x 18

Dedicado a la arquitecta y urbanista MARÍA GABRIELA D'ALESSANDRO.

Sencillamente, para mi, un ejemplo admirable, imbatible e incansable de la máxima expresión de profesionalismo, capacidad de trabajo inagotable y ser humano integral.

ÍNDICE DE CONTENIDO

SEGUNDA PARTE:

LAS ETAPAS DEL DERECHO URBANÍSTICO GLOBAL Y SU HISTORIA

TERCERA PARTE:

LAS NUEVAS TENDENCIAS DEL DERECHO URBANÍSTICO GLOBAL

CUARTA PARTE:

EL CONTROL DE LA CONVENCIONALIDAD DEL DERECHO A LA CIUDAD: ¿NUEVO INSTRUMENTO DE PROTECCIÓN A LOS DERECHOS URBANÍSTICOS?

PRESENTACIÓN

A LA OBRA DE EMILIO J. URBINA MENDOZA, "NUEVAS TENDENCIAS DEL DERECHO URBANÍSTICO GLOBAL", CA-RACAS 2022

Allan R. Brewer-Carías

Si alguien podía y tenía que abordar este tema de las nuevas tendencias del derecho urbanístico global en nuestro país, ese sin duda es Emilio J. Urbina Mendoza, destacado estudioso de la materia, con una sólida formación académica, la cual comenzó con sus estudios de derecho en la Universidad Católica del Táchira (San Cristóbal), donde se graduó de abogado (primero de su promoción, *Cum Laude)* en 1998; habiendo continuado sus estudios, sucesivamente en la misma Universidad Católica del Táchira en combinación con el CDE-Loyola (de Bogotá-Colombia) donde obtuvo un Diplomado Derecho constitucional comparado (*Summa Cum Laude)* en 2000; en la Universidad Alberto Hurtado-ILADES (Santiago de Chile) donde obtuvo el título de Magister Scientiarum en Ética Social (*Summa Cum Laude) en* 2002; en la Universidad de Deusto (Bilbao) donde obtuvo el Diploma en Estudios Avanzados (*Sobresaliente Cum Laude*) en 2005, y en la misma Universidad De Deusto (Bilbao) donde concluyó su Doctorado (*Sobresaliente Cum Laude*), en 2010.

Esa completa formación académica la ha combinado con intensísima actividad docente en cursos de pre y post grado desarrollada durante los últimos quince años en la Universidad Católica Andrés Bello, en la Universidad central de Venezuela, en la Escuela Nacional de Fiscales del Ministerio Público, en la Universidad de Los Andes, en la Universidad de Carabobo, en la Universidad Católica del Táchira, en la Universidad Arturo Michelena y en la Universidad Fermín Toro, donde entre muchas materias ha impartido clases en temas como *Metodología de la investigación, Análisis e investigación en Derecho, Teoría de la Argumentación Jurídica, Deontología jurídica, Ordenación Urbanística y Régimen Municipal.*

A esa actividad académica y docente, Urbina la ha sumado la invaluable experiencia del ejercicio profesional como consultor en Derecho Urbanístico. y Régimen Municipal, manifestada en particular como funcionario asesor de los Concejos Municipales de los Municipios Iribarren y Palavecino del Estado Lara entre 2008 y 2015, como asesor de la Sindicatura Municipal de Caroní del Estado Bolívar entre 2014 y 2016 y como Director General de la Alcaldía de Páez del Municipio Páez del Estado Portuguesa, cargo que ejerce desde 2021.

Toda esa intensa experiencia académica, docente y profesional, además, ha sido volcada en obra escrita, habiendo publicado en los últimos lustros un importante conjunto de libros y estudios monográficos, que hoy, sin duda, son de lectura obligada de las mismas; siendo esta obra que hoy presento, sobre las nuevas tendencias del derecho urbanístico en el mundo global, la última de ellas; nuevas tendencias que sin embargo tienen siempre por objeto asegurar que el urbanismo, como lo expresó Le Corbusier en 1933, siempre está *"destinado a concebir las reglas necesarias que aseguren a los ciudadanos condiciones de vida que sal-*

vaguarden tanto su salud física como su salud moral y la alegría de vivir que de ellas se desprende" (en *La Charte de Athenes, 1933).*

El profesor Urbina me ha pedido muy honrosamente que presente su nueva obra, lo que he aceptado con mucho gusto, pues aparte de celebrar su aparición, ello me ha obligado volver la mirada a los temas del derecho urbanístico que dada mi forzada ausencia del país, el tiempo me había alejado de ellos, siendo mi último contacto con el mismo el comentario que escribí sobre "El curioso e insólito caso de la Ley Orgánica para la Planificación y Gestión de la Ordenación del Territorio, sancionada en septiembre de 2005 y derogada en febrero 2007 sin haber entrado en vigencia,"[1] que Emilio Urbina cita en el libro.

Dicha Ley Orgánica, con la cual se pretendió derogar y refundir en un solo texto la Ley Orgánica de Ordenación del Territorio de 1983 y la Ley Orgánica de Ordenación Urbanística de 1987,[2] se sancionó precisamente antes de que la participación ciudadana fuese pateada como política pública en el país con el engendro del llamado Estado Comunal o del Poder Popular, y que sin embargo, en nombre de la "participación" lo que ha provocado es una intolerable centralización y ahogamiento del ciudadano por el control político impuesto con el mecanismo de los consejos comunales.[3] El resultado práctico ha sido la ausencia absoluta de posibilidad de participación de la ciudadanía en la

---

[1] Véase Allan R. Brewer-Carías, "El curioso e insólito caso de la Ley Orgánica para la Planificación y Gestión de la Ordenación del Territorio, sancionada en septiembre de 2005 y derogada en febrero 2007 sin haber entrado en vigencia," en *Revista de Derecho Público*, N° 109, Editorial Jurídica venezolana, Caracas 2007, p. 65-71.

[2] Textos, ambos, a cuya redacción contribuí en su momento. Véase Allan R. Brewer-Carías, *Proyectos de Ley en materias de derecho público*, Editorial Jurídica Venezolana, Caracas 2022.

[3] Véase Allan R. Brewer-Carías et al, *Leyes Orgánicas sobre el Poder Popular y el Estado Comunal*, Editorial Jurídica Venezolana, Caracas 2011.

concepción de las reglas urbanísticas, esas que como se indicó lo que tienen es que asegurar a los ciudadanos las condiciones de vida que le aseguren la alegría de vivir en las ciudades. Para ello, incluso en la Ley Orgánica de 2005 que nunca entró en vigencia, se quedaron en el tintero normas como la que declaraba que era "obligación del Estado establecer las condiciones necesarias para la incorporación efectiva de la ciudadanía en las actividades relativas a la planificación, ejecución y control de las acciones públicas" (art 155), y a "la participación ciudadana como derecho democrático" o como "derecho inherente a la esencia y dinamismo de una sociedad democrática" (art. 156)."

Y es ese tema de la participación ciudadana, como parte esencial del "derecho a la ciudad" -pues es en la ciudad donde el urbanismo se concreta- al cual entre las nuevas tendencias del derecho urbanístico Urbina se refiere con acierto en su libro, al cual quiero dedicar estas líneas de Presentación, como en homenaje al autor, insistiendo en lo que él identifica en su discurso, como aunado al "derecho de desarrollo urbano sustentable," y que identifica como "el derecho a la participación de los asuntos públicos de la ciudad."

Sobre el tema, para reafirmarlo, Emilio Urbina, con razón, recurre en su libro a las previsiones de la muy importante *Carta-Agenda Mundial de los derechos humanos en la ciudad* (2011). adoptado por la organización *Ciudades y Gobiernos Locales Unidos (CGLU,)*[4] en la cual, reconociendo que la ciudad es ante todo una "comunidad política," se declaró, primero, el derecho de todas las personas a la ciudad, "constituida como *comunidad política municipal* (integrada por instituciones autónomas del poder político) que asegure condiciones adecuadas de vida a todos y todas y que procure la convivencia entre todos sus habi-

---

[4]   Véase la *Carta-Agenda Mundial de los derechos humanos en la ciudad, (2011).* Disponible en: http://www.uclg-cisdp.org/es/el-derecho-la-ciudad/ carta-mundial

tantes y entre estos y la autoridad municipal," y segundo, el derecho de todos sus habitantes de "participar en la articulación del espacio público, incluyendo la participación en la gestión y uso de estos espacios, fundamento de la convivencia en la ciudad." Sobre este último, incluso la *Carta Agenda,* enuncia el "derecho a la democracia participativa," que solo puede materializarse a nivel local, consistente en el derecho de todas las personas "a participar en los procesos políticos y de gestión de su ciudad y, en particular, a participar en los procesos de decisión de las políticas públicas municipales," para lo cual se impone a la ciudad el deber de promover la participación de sus habitantes en los asuntos locales, asegurándoles el acceso a la información pública y reconociendo su capacidad de influir en las decisiones municipales; así como el deber de facilitar la participación de la sociedad civil, incluidas las asociaciones de defensa de los derechos humanos, en la definición de las políticas y en la puesta en marcha de medidas destinadas a hacer efectivos los derechos de sus habitantes.

Este principio de la participación política, tan viejo como la existencia misma de la ciudad, pero nuevo cuando se lo encaja en el derecho urbanístico, busca asegurar que el régimen democrático sea uno de inclusión política, donde el ciudadano sea parte de su comunidad política, y pueda contribuir a toma de las decisiones que le conciernen.

Para asegurar esa posibilidad de participar, en todo caso, lo importante es tener claro que participar no puede tener otro sentido que no sea el que deriva del significado mismo de las palabras en el sentido de estar incluido, es decir, el ser parte de…; el pertenecer a…, el incorporarse, contribuir, estar asociado o comprometerse a…; el tener un rol en…, el tomar parte activa, estar envuelto o tener una mano en…; es, en fin, el asociarse con…, el compartir o tener algo que ver con...

Por ello, la participación política no es otra cosa que ser parte de una comunidad política, en la cual el individuo debe tener un rol específico de carácter activo conforme al cual contribuye a la toma de decisiones, y que no se puede agotar, por ejemplo, en el sólo ejercicio del derecho al sufragio (que sin duda es una forma mínima de participación); o en ser miembro de sociedades intermedias, aún las de carácter político como los partidos políticos; o en votar en referendos (que también es otra forma mínima de participación).

Participación política democrática, por tanto, es estar incluido en el proceso político y ser parte activa del mismo, sin mediatizaciones; es, en fin, poder tener acceso a la toma de decisiones públicas. Y ello, en ninguna sociedad democrática se ha logrado permanentemente con referendos o cabildos abiertos. Estos son formas de participación, pero de carácter mínimo. Tampoco se logra con manifestaciones así sean multitudinarias. Eso no es participación política; eso no es más que manifestación política, que es otra cosa.

La democracia participativa, o si se quiere, para que la democracia sea inclusiva o de inclusión, tiene que permitir al ciudadano poder ser parte efectivamente de su comunidad política, de su ciudad; tiene que permitirle desarrollar incluso conciencia de su efectiva pertenencia, es decir, de pertenecer a un determinado orden social y político, por ejemplo, a una ciudad, y dentro de ella a una comunidad; a un lugar; y desde allí, a una tierra; a un campo; a una comarca; a un pueblo; a una región; en fin, a un Estado.

Por ello, el tema central a resolver cuando se trata de la participación democrática, es determinar cómo y en qué lugar la misma puede realizarse; y para ello hay que comenzar por reconocer que el tema de democracia participativa no es nada nuevo; ha estado siempre, desde los mismos días de las Revoluciones del Siglo XIX, en muchos países hoy con democracias consolidadas; allí, en el nivel más ínfimo de los territorios de los Estados, en las Asambleas locales, en los Municipios, en las Comunas. Lo que pasa es que no la hemos querido reconocer, e insistimos en confundirla con algunos instrumentos de democracia directa.

Por ello, el gran problema de la democracia contemporánea todavía sigue siendo qué es, efectivamente, participar en política, y dónde se puede realmente participar.

En el ámbito de los autoritarismos, viejos y nuevos, por otra parte, donde con frecuencia se blande la bandera de la supuesta "democracia participativa" para rechazar la democracia representativa, en realidad no se concibe otra forma de "participación" que no sea la que deriva de la relación directa entre líder y pueblo, signada por la órdenes y consignas del primero y la obediencia y sumisión del segundo; en un sistema barnizado con supuestas organizaciones sociales como los consejos comunales del engendro del Estado Comunal, que no son otra cosa que mecanismos de control de la ciudadanía desde el centro vendidos engañosamente como mecanismos de "participación," Eso, por supuesto, tampoco es participación política; es un engaño y una sustitución autocrática de la voluntad popular.

En las sociedades democráticas avanzadas, en cambio, la participación está en la corriente sanguínea de la propia democracia, y por ello, incluso quienes la ejercen y la viven cotidianamente no se dan cuenta de ella; no le prestan atención y por ello, a veces no se la logra identificar. Como sucede en las democracias europeas, que son democracias inclusivas, pero a veces se piensa que ello es así, naturalmente, cuando no es cierto.

No se olvide que ello lo descubrió para Europa, Alexis de Tocqueville, cuando precisamente se topó con el régimen local asambleario que funcionaba desparramado en todo el territorio de las colonias inglesas en la costa este de Norteamérica, con su libro *La Democracia en América*, democracia que hervía en los *Town Halls*[5]. Esas instituciones comunales, decía De Tocqueville, "son a la libertad lo que las escuelas vienen a ser a la ciencia; la ponen al alcance del pueblo, le hacen paladear su uso político

---

[5]   Véase Alexis de Tocqueville, *La democracia en América*, Fondo de Cultura Económica, México 1973, pp. 79 ss.

21

y lo habitúan a servirse de ella."[6] Y en Europa misma, esa democracia local fue uno de los productos más acabados y a veces incomprendidos de la propia Revolución Francesa, la cual, sin embargo, también fue advertido por el propio De Tocqueville en su otra clásica obra sobre *El Antiguo Régimen y la Revolución*, escrito veinte años después. Decía: "La administración local tiene un contacto diario con [los ciudadanos]; toca continuamente sus puntos más sensibles; influye en todos los pequeños intereses que forman el gran interés que se pone en la vida; es el objeto principal de sus temores y también el de sus esperanzas más queridas; los mantiene vinculados a ella por una infinidad de lazos invisibles que los arrastran sin que se den cuenta."[7]

Y en efecto, dejando aparte y sin sustituir al sufragio y a los instrumentos de democracia directa, la participación política como democracia de inclusión en la cual el ciudadano puede tomar parte personalmente en un proceso decisorio, interviniendo en actividades estatales y en función del interés general[8], sólo puede tener lugar efectivamente en los estamentos territoriales más reducidos, en el nivel local, comunal o municipal, en definitiva, en la ciudad.

Es decir, sólo en los niveles territoriales inferiores de la organización del Estado es que se puede montar una organización participativa que permita la incorporación del ciudadano individual, o en grupos o en comunidades, en la vida pública, y particularmente, en la toma de decisiones públicas generales o de orden administrativo. Y es por ello precisamente que cuando se

---

[6]   *Idem.*, p. 78.

[7]   Véase Alexis de Tocqueville, *El Antiguo Régimen y la Revolución*, Alianza Editorial, Tomo I, Madrid 1982, p. 15.

[8]   Véase, por ejemplo, en relación con la administración de justicia, Alberto González, "Participación en la Administración de Justicia," en Jorge Londoño U. (Compilador), *Constitucionalismo, participación y democracia*, Librería Jurídica Ethos, Uniboyacá, Bogotá-Tunja, 1997, pp. 76-77.

habla de democracia participativa como parte del derecho a la ciudad en la antes mencionada *Carta-Agenda Mundial de los derechos humanos en la ciudad* (2011), se hace mención a la ciudad, "constituida como comunidad política municipal" y al derecho de sus "a participar en los procesos políticos y de gestión de su ciudad y, en particular, a participar en los procesos de decisión de las políticas públicas municipales."

Por ello, el tema central que tiene que resolverse cuando se habla con propiedad de "democracia participativa," es el de determinar como lo hace dicha *Carta-Agenda,* el nivel territorial que se requiere para la participación como cotidianeidad democrática, y la opción es la institución municipal como organización política en la ciudad, la cual en los países con democracias estables está desparramada en todos los rincones de un Estado, en cada villa, pueblo y caserío, situado bien cerca del ciudadano; abandonándose en cambio la concepción del gran municipio urbano o rural, situado al contrario bien lejos del ciudadano.

Y también por ello, la realidad territorial democrática y municipal de los países desarrollados lo que nos muestra es la existencia en los respectivos países de muchos municipios, y entre ellos, muchos municipios pequeños. Basta recordar los números aproximados: 16.000 municipios en Alemania con un 70% de menos de 5000 habitantes; 8.000, municipios en España, con un 80% con menos de 5.000 habitantes, y un 60% con menos de 1.000 habitantes.[9] En España incluso, en una solo Comunicad Autónoma como Castilla y León, hay 2.200 municipios de los cuales el 68,5 %, es decir, 1.540 municipios tienen menos de 500

---

[9] Véase Torsten Sagawe, "La situación de los pequeños municipios en Europa: con especial referencia a la República Federal de Alemania," en Luis Villar Borla et al, *Problemática de los pequeños Municipios en Colombia ¿Supresión o reforma?*, Universidad Externado de Colombia, Bogotá 2003, p. 40.

habitantes[10]. En contraste, en nuestro país, Venezuela, en cambio, con un territorio casi el doble que España, sólo hay 338 Municipios, con un promedio de población superior a los 75.000 habitantes.

En esta situación es donde precisamente está el contraste más espectacular en el municipalismo moderno, entre el régimen municipal europeo,[11] y el régimen municipal de los países iberoamericano. En los primeros, la participación política en la ciudad es tan cotidiana en las cosas pequeñas que es imperceptible; en los segundos, simplemente no hay participación alguna o hay muy poca; y ello, entre otros aspectos, porque no hemos sido capaces en nuestra América Latina de organizar la ciudad municipio en cada colectividad local, es decir, por en cada caserío, cada pueblo, cada villa, o dentro de las comunidades interna de las grandes ciudades, prevaleciendo lo que fueron, en ámbito territorial, los viejos municipios provinciales coloniales con territorios amplísimos, alejados de los ciudadanos y de sus comunidades, con muy pocas excepciones.[12] Por ello, por ejemplo, ninguno de los países latinoamericanos, con todos sus enormes territorios y gran población, en la actualidad alcanza siquiera el número de municipios que por ejemplo, tiene sólo la mencionada Comunidad autónoma de Castilla y León.

Y aquí volvemos al tema de la "democracia participativa," de la cual nos habla como derecho de los ciudadanos de la ciudad

---

[10]   Véase *Informe sobre el Gobierno Local,* Ministerio para las Administraciones Públicas. Fundación Carles Pi i Sunyer d'Étudis Autonòmics y Locals, Madrid 1992, p. 27.

[11]   Véase Luciano Vandelli, *El Poder Local. Su origen en la Francia revolucionaria y su futuro en la Europa de las regiones*, Ministerio para las Administraciones Públicas, Madrid 1992, pp. 153 ss.

[12]   Véase las referencias en Allan R. Brewer-Carías, *Reflexiones sobre el constitucionalismo en América*, Editorial Jurídica Venezolana, Caracas 2001, pp. 139 ss.

la *Carta-Agenda Mundial de los derechos humanos en la ciudad* (2011), la cual ante todo está indisolublemente ligada a la descentralización política y la municipalización, de manera que la misma no se puede materializar con solo propuestas de incorporación, al régimen democrático, de instrumentos como los referendos o las consultas o las iniciativas populares. La democracia participativa, insistimos, no se agota ni se puede confundir con la democracia directa, como suele suceder en muchos estudios sobre la democracia que propugnan se perfeccionamiento.[13]

De modo que la participación política o la democracia participativa están íntimamente unidas al localismo y a la descentralización, y ésta, a la limitación del poder, lo cual es consustancial con la democracia. El régimen local municipal es, entonces, la estructura que permite al ciudadano poder participar en los asuntos públicos que afectan a su comunidad; por lo que la participación efectiva del ciudadano siempre presupone la descentralización. Por ello, sin descentralización política o territorial, es decir, sin que exista una multiplicidad de poderes locales y regionales, gobernados por representantes electos por los ciudadanos, no puede haber participación política ni democracia participativa.[14] El centralismo, en cambio es la base de la exclusión política al concentrar el poder en unos pocos electos, y a la vez, el motivo del desprestigio de la democracia representativa por más aditivos de democracia directa o refrendaria se le implante.

---

[13] Véase, por ejemplo, en Venezuela, los estudios publicados en *Participación Ciudadana y Democracia*, Comisión Presidencial para la Reforma del Estado, Caracas 1998.

[14] Véase lo que expusimos en el *XXV Congreso Iberoamericano de Municipios, Guadalajara, Jalisco, México del 23 al 26 de octubre de 2001*, Fundación Española de Municipios y Provincias, Madrid 2003, pp.453 ss.

Y ello implica, por sobre todo, la municipalización de los territorios de nuestros países, para que toda comunidad rural, todo caserío, todo pueblo, todo barrio urbano tenga su autoridad local, como comunidad política, como instrumento para acercar el municipio al ciudadano; porque un Municipio lejos de las comunidades y vecindades, como es en general el Municipio en nuestros países latinoamericanos, materialmente no sirve para nada bueno, ni para la participación política ni para la gestión eficiente de los asuntos locales, ni por supuesto, para la democracia.[15]

A nivel local, además, es donde florece la libertad en medio de la diversidad, y es donde en definitiva en un mundo cada vez más globalizado como el actual, el hombre, el ciudadano común encuentra su refugio e identifica el lugar de su pertenencia. Los hombres tenemos que terminar de constatar que en definitiva, frente a la incontenible tendencia hacia la globalización, que está allí y aquí, basada en lo trasnacional y en la integración de los países, que produce ese proceso de uniformismo personal, que desdibuja la singularidad de las personas o que despersonaliza al individuo, que todos captamos; frente a ello, se ha venido desarrollando en paralelo otra tendencia mundial pero hacia la lugarización, basada en el rescate de los "lugares", donde se identifica la singularidad de las personas, es decir, se vuelve a la persona, en su pertenencia a un lugar, a su ciudad, donde se revaloriza lo "lugareño" y la vecindad.[16]

Eso lo han llamado los europeos como regionalismos o localismos; y ha sido calificado acertadamente como "lugarización" por el Rector Francisco González Cruz, de la Universidad

---

[15] Véase Allan R. Brewer-Carías, *Reflexiones sobre el constitucionalismo en América*, Editorial Jurídica Venezolana, Caracas 2001, pp. 127 ss.

[16] Véase Allan R. Brewer-Carías, "Sobre la globalización, la lugarización y el pequeño Municipio" en *Provincia. Revista venezolana de Estudios Municipales,* No. 12, Centro Iberoamericano de Estudios Provinciales y Municipales, Mérida 2004, pp. 115-130.

Valle del Momboy (Valera). En su libro, que tiene el sugestivo título *Globalización y Lugarización,* editado precisamente "en la villa de San Roque de La Quebrada Grande", "su lugar" -como él lo dice-; define la "lugarización" como "todo proceso que revaloriza lo local"; y el "lugar", como "el espacio territorial íntimo y cercano donde se desenvuelven la mayor parte de las actividades del ser humano"; o la "comunidad definida en términos territoriales y de relaciones humanas, con la cual la persona siente vínculos de pertenencia. Puede ser una aldea, un pueblo, un barrio o un condominio. Siempre será, necesariamente, un espacio geográfico limitado en tamaño, de tal manera que la gente pueda establecer relaciones interpersonales[17]. Y allí, en definitiva, es donde se puede efectivamente participar desde el punto de vista político.

En todo caso, ha sido la organización política de la lugarización, la que precisamente y sin duda, ha sido la característica fundamental del mapa municipal de Europa durante los últimos 200 años. El tema, en todo caso, es de enorme importancia para la revalorización de los pequeños municipios rural, y la creación de múltiples municipios urbanos, como parte del proceso de descentralización político-territorial, para asegurar no sólo la presencia del Estado en el territorio, sino para hacer posible la participación democrática, partiendo de la necesaria diversidad que deben tener las entidades locales; es decir, todo lo contrario, al uniformismo organizacional.

Ese nuevo "Municipio lugarizado," como también lo ha advertido Fortunato González Cruz, exDirector de este Centro Iberoamericano de Estudios provinciales y Locales, debe ser apropiado a la realidad social y espacial que representa, con una organización municipal "heterogénea, adaptada a las necesidades

---

[17]   Véase Francisco González Cruz, *Globalización y Lugarización*, Universidad Valle del Momboy, Centro Iberoamericano de Estudios Provinciales y Locales, Universidad de los Andes, La Quebrada, 2001.

de cada comunidad" y que de origen a la necesaria diversidad municipal en el territorio, debe además tender a ser un "Municipio sostenible por la propia economía local, de manera que su estructura burocrática y sus gastos ordinarios de administración sean pagadas con ingresos propios."[18]

En fin, de las reflexiones sobre la ciudad, el urbanismo y sus nuevas tendencias y la municipalización democrática, lo que debe quedarnos como lección es que no hay que temerle a la descentralización política, pues ello es un fenómeno propio de las democracias. No hay ni ha habido autocracias descentralizados, por lo que, en definitiva, solo los autoritarismos temen y rechazan tanto la descentralización política, las autonomías territoriales, y la municipalización como manifestaciones de la participación democrática.

Lo importante es no dejarnos engañar con los cantos de sirenas autoritarios que no se cansan de hablar de "democracia participativa," pero no para hacerla posible, sino para acabar con la democracia representativa, imposibilitando a la vez la participación política en las ciudades, como es lo que ha resultado de la implantación inconstitucional del Esquema del Estado Comunal o Estado del Poder Popular con los Consejos Comunales como organizaciones de control social por parte del Poder central.

No nos confundamos los demócratas, al intentar dar respuesta a las exigencias políticas crecientes de participación democrática, con el sólo establecimiento de esos esquemas engañosos o con paños calientes de carácter refrendario o de iniciativas o consultas populares, que no la agotan en absoluto.

Libros como el de Emilio J. Urbina Mendoza, donde nos habla de las nuevas tendencias del urbanismo, bajo el ángulo del derecho a la ciudad y en ella del derecho a la participación, son

---

[18] Véase Fortunato González, *Un Nuevo Municipio para Venezuela*, Centro Iberoamericano de Estudios Provinciales y Locales, Universidad de los Andes, Mérida, 1998, p. 89.

los que motivan reflexiones sobre el tema viejos sobre la democracia y de la participación, que hay sin embargo que redescubrir en las nuevas tendencias, como las que al saludar la aparición de esta obra he querido dejar aquí plasmadas, felicitando al autor por su dedicación al tema del derecho urbanístico, que tanto ha cultivado.

Octubre 2022

NOTA INTRODUCTORIA:

LA CIUDAD, SU DISCRETO Y SECRETO ENCANTO, BASE DEL DERECHO URBANÍSTICO

> "(...) *La ciudad, en su esfuerzo natural de expansión, querrá desplazarse rápidamente, desde sus calles estrechas hacia superficies más amplias, aireadas y soleadas. Los lugares modernos de hoy, reservados a las habitaciones, se cubrirán de inmuebles comerciales y la ciudad actual se tornará una ciudad antigua e insalubre, donde no podrán vivir sino elementos infelices de la población ... Cuando esto ocurra, los propietarios, al contemplar cómo se desvalorizan poco a poco sus propiedades, nos reprocharán nuestra desidia, así como hoy en día tienden a reprocharnos nuestra previsión* (...)" (Gen. ELBANO MIBELLI. *Exposición del Gobernador del Distrito Federal al Concejo Municipal* correspondiente al año 1938).

"(...) *Nos reprocharán nuestra desidia, así como hoy en día tienden a reprocharnos nuestra previsión* (...)". Quizá hace algunos meses esta sentencia, de quien fuera uno de los gobernadores de Caracas -por cierto, el que inició las labores de construcción del sistema moderno de aguas servidas de la capital- habrían sido palabras más, palabras menos, un giro retórico inerte para quien escribe estas líneas. Sin embargo, la culminación de esta obra ha coincidido con el sensible ejercicio de gobierno municipal, específicamente, con la alta responsabilidad de ser el *Director General de la Alcaldía* del Municipio Páez (Acarigua), estado Portuguesa.

Desde 1993 hemos estado vinculados al quehacer del Derecho urbanístico, específicamente, en la construcción de diferentes planes de desarrollo urbano local (PDUL), hasta el punto de haber culminado media decena de ellos en el centro-occidente venezolano. Tras muchos años de desvelos -literalmente hablando- en la mesa de diseño de planos, tras las bibliotecas y archivos, así como los debates con los diferentes sectores competentes del urbanismo, queda siempre la grata experiencia que cada PDUL trae consigo, ninguno parecido al otro. Por ello, las palabras del General ELBANO MIBELLI se tornan para mi una clepsidra acusatoria y paradójicamente liberadora que cincela la conciencia. En este momento, el reloj indica que debemos trabajar en el PDUL de la ciudad de Acarigua, apuntando el horizonte que trae consigo 2030 y los ODS. Afortunadamente, Acarigua, no sólo cuenta con un equipo de profesionales del lugar con altísima competencia, sino que también, ha creado el primer INSTITUTO MUNICIPAL DE PLANIFICACIÓN URBANA (IMPU)[1] que amalgama una peculiar confluencia de esfuerzos por un mejor horizonte para las nuevas generaciones que permita a estas amar, soñar, creer, crear y proteger sus proyectos vitales, y no repetir a estar condenadas a otros 100 años de soledad.

Nací en ciudad, me eduqué en ciudad y he luchado toda mi existencia en varias ciudades venezolanas, latinoamericanas y europeas. El transitar por ellas, sea por esos accidentes de la vida

---

[1]   ORDENANZA DE CREACIÓN DEL INSTITUTO MUNICIPAL DE PLANIFICACIÓN URBANA DEL MUNICIPIO PÁEZ DEL ESTADO PORTUGUESA, publicada en Gaceta Municipal, extraordinario, número 009-L12L-2021 de fecha 11 de diciembre de 2021.

o porque el albur nos obligó estudiar e investigar en otras[2], ayudan a edificar esa esencia identitaria interna de la cual uno emplea como yelmo o rejón en los desafíos de la vida. Confieso que no he podido vivir más de 9 años seguidos en una urbe, sino que, como dice ORTEGA Y GASSET, soy como "la gota en una nube viajera"[3], que ha encontrado en inventar un porvenir para las ciudades que me han acogido, la vía perfecta para articular una mejor manera de ser y existir en ellas.

Así, la multidiversidad urbana a la que he tenido que enfrentarme, nos abrió los pasos para entender un Derecho urbanístico inconforme, contestatario, capaz de rebelarse asimismo cuando claudica ante los cantares -y altares- de la pigricia institucionalizada. Recientemente publicamos varios trabajos[4] que vienen a

---

[2]   Personalmente hemos tenido dos grandes espacios urbanos de los cuales he aprendido y donde siempre hay algo nuevo que aprender bajo su flamante bóveda celestial: *Bogotá y Bilbao*. En la Bogotá de finales del siglo XX disfrutamos de la transformación urbana que tuvo al *Trasmilenio* como columna vertebral de tan importante y sensible acupuntura urbana. Fueron tiempos donde iniciábamos nuestra carrera como investigadores, aprendiendo Derecho urbanístico de las aulas de la querida Pontificia Universidad Javeriana. Y por supuesto, la ciudad de Bilbao de principios de siglo XXI, donde me acogió mi casa doctoral, maestra de tantas lecciones sobre la vitalidad de las ciencias: la UNIVERSIDAD DE DEUSTO. Viví de cerca la transfigurante revolución urbana, de la *coketown* del acero y navieras a la fulgurante ciudad de los servicios, mi *"nere hiri maitea"* (euskera) que hoy se yergue como figura por excelencia del futuro urbano europeo. El "botxo" del que orgullosamente se identificaba MIGUEL DE UNAMUNO, y que para propios y extraños, levanta un encanto donde nadie quiere irse una vez conoce sus más íntimos secretos urbanos.

[3]   ORTEGA Y GASSET, José. *Meditaciones del Quijote,* Madrid, 1914, párrafo 13: "Integración", p. 40.

[4]   Véase nuestras obras "Nuevas tendencias del Derecho urbanístico y el Covid-19: ¿Impulso o ralentización de la ciudad humanística?", En:

culminar investigaciones iniciadas hace cuatro lustros[5], y que facilitarían las líneas generales de la presente obra relativa a las nuevas tendencias del Derecho urbanístico.

Montalbán, Caracas, n° 58 (julio-diciembre 2021), Instituto de Investigaciones Históricas de la UCAB, pp. 172-200. También, *Las nuevas tendencias del Derecho Urbanístico contemporáneo y el control de la convencionalidad de los derechos fundamentales contemplados en las cartas globales de ordenación urbanística*, en: AAVV. *Temas fundamentales de Derecho Público en Homenaje a Jesús González Pérez*, Caracas, 2020, CIDEP-FUNEDA-AVEDA, pp. 131-164. También, "Las nuevas tendencias del Derecho Urbanístico global y la operacionalización de la Agenda Hábitat III 2023", en: *Revista de Direito Publico Contemporâneo*, Vol. 1, n° 2 (julio-diciembre 2020), Río de Janeiro-Universidade Federal Rural do Río de Janeiro, pp. 196-221. "Las nuevas tendencias del Derecho urbanístico global en el contexto de la sociedad del riesgo global. ¿Puede hablarse de un Derecho urbanístico algorítmico, post-Covid-19? En: *Revista Americana de Urbanismo (RADU)*, n° 3 (enero-junio 2020), Madrid, RDU, pp. 147-186. Y, más hacia el auditorio venezolano, por cierto, bautizado un día del arquitecto (4 de julio de 2019) en la ciudad de Acarigua, Municipio Páez del estado Portuguesa: *El Derecho urbanístico en Venezuela (1946-2019). Entre la tentación centralizadora y la atomización normativa de la ciudad venezolana sofocada*, Caracas, 2019, Editorial Jurídica Venezolana, Cuadernos de la Cátedra Allan R. Brewer-Carías de Derecho Administrativo de la Universidad Católica Andrés Bello, n° 40, pp. 11-117.

[5]   "La transformación inconstitucional del concepto sobre equipamiento urbano como "escala de regionalización" en el Decreto-Ley de Regionalización Integral para el Desarrollo Socioproductivo de la Patria", En: *Revista de Derecho Público*, n° 140 (octubre-diciembre 2014), pp. 383-400. *El retorno del Permiso de Construcción: la reforma de los procedimientos administrativos urbanísticos en la Ley contra la Estafa Inmobiliaria*, Caracas, 2013, FUNEDA, 92 pp. También, véase "El régimen jurídico de los márgenes de los cursos de aguas dentro de las poligonales urbanas. Una metodología para su calificación y aprovechamiento urbanístico", En: *Revista de Derecho Público*, n° 126 (abril-junio 2011), pp. 35-63. *La historicidad del Derecho Urbanístico y sus*

Tras los días de la pandemia, del confinamiento, este libro encontró alimento para irse sumando a las meditaciones sobre el futuro de nuestra disciplina en un mundo cada vez encerrado en sí mismo. Al quebrarse el antiguo equilibrio de la guerra fría, no sólo en lo ideológico, también iniciamos una etapa en nuestra historia donde hemos experimentado frecuentes tensiones de toda índole. Desde guerras focalizadas hasta las vesanias de grupos fragmentarios; la ciudad se transforma en el espacio por excelencia que se ve maximizada por los procesos globalizadores, calificándose como la sociedad de objetiva inseguridad[6]. Ya no es un tablero, sino una mesa de juego donde el concepto de riesgo permitido se achica en la medida que somos abrumados de nuevas patologías urbanas[7], a las cuales también se asocia un

---

aportes en la tecnificación del Derecho Administrativo venezolano (1946-2009). En: AAVV. *100 años de enseñanza del Derecho Administrativo en Venezuela 1909-2009,* Caracas, 2011, Centro de Estudios de Derecho Público de la Universidad Monteavila-UCV-FUNEDA, Tomo II, pp. 678-716. "La Ordenación territorial y urbanística a la luz del nuevo Proyecto de Ley de Ordenación y Gestión del Territorio", en: *Boletín de la Academia de Ciencias Políticas y Sociales,* Caracas, número 146/2008 (enero-diciembre), pp. 661-686. "El régimen jurídico del urbanismo en Venezuela: un extraño e inacabado rompecabezas en los inicios del siglo XXI", En: *Boletín de la Academia de Ciencias Políticas y Sociales*, Caracas, número 145/2007 (enero-diciembre), pp. 201-261. "La nueva Ley Orgánica de Planificación y Gestión del Territorio y su inserción en la historia de la normativa urbanística nacional", En: *Revista Iuridica,* Valencia, n° 3/2006 (enero-junio), Universidad Arturo Michelena, pp. 55-67.

[6]   Véase SILVA SÁNCHEZ, J.M. *La expansión del Derecho penal. Aspectos de la política criminal en las sociedades postindustriales*. Edisofer/Euro Editores, Buenos Aires, 2011, p. 15.

[7]   Véase PÉREZ CASTAÑÓN, J.M. "El riesgo permitido en el Derecho penal (Régimen jurídico-penal de las actividades peligrosas)". Ministerio de Justicia e Interior, Madrid, 1995, p. 25-30.

nuevo *tránsito del modelo crítico/lineal al cuántico/fractal*[8] de las nuevas modernidades.

---

[8] Es innegable que ha ocurrido un tránsito agresivo de lo *postindustrial* hacia lo *transindustrial*, esta última, una sociedad donde centra el énfasis de desarrollo global en el apalancamiento que otorga la robótica, la inteligencia artificial (IA), las tecnologías adictivas, los contratos inteligentes (*smartcontracts*) y la nanotecnología. En fin, este cambio hacia lo cuántico/fractal, implica una disminución sensible de la presencia humana en la intervención de todas las actividades cotidianas, sobre todo, las de corte económico-productivo urbano. Es un nuevo mundo, una nueva etapa consecuente de los cambios experimentados -legítimamente aceptados globalmente- desde la irrupción de la informática en nuestras vidas. Entonces, si es así, donde la mutación radical es una quimera, ¿cuál sería el núcleo duro de lo postindustrial hacia lo transindustrial que modificaría las bases epistemológicas del Derecho urbanístico?. Para más detalles, véase URBINA MENDOZA, Emilio J. "El Derecho público del algoritmo. Reflexiones sobre la transición de la modernidad jurídica crítico/lineal a la cuántica/fractal", en: *Revista de Derecho Público,* n° 161-162 (enero-junio 2020), pp. 11-39. También, véase CHÁVEZ VALDIVIA, A.K. "Hacia el quebrantamiento del paradigma jurídico: la robótica y la inteligencia artificial", *Derecho y Tecnología,* n° 19, 2018, p. 135-150. VALENCIA RAMÍREZ, J.P. "Contratos inteligentes", *Revista de Investigación en Tecnologías de la Información: RITI,* Vol. 7, n° 14, 2019, p. 1-10. LEGERÉN-MOLINA, A. "Los contratos inteligentes en España (La disciplina de los smartcontracts)", *Revista de Derecho Civil,* Vol. 5, n° 2, 2018, p. 193-241. GAUTHIER, G. "Contratos de trabajo inteligentes (smartlabourcontracts)", *Revista de Derecho del Trabajo,* n° 20, 2018, p. 69-78. FERNÁNDEZ DE GATTA SÁNCHEZ, D. *Creación científica e innovación tecnológica: una aproximación desde el derecho público,* Tirant lo Blanch, Valencia, 2018. CASADO, M. y LÓPEZ BARONI, M.J. "Nanotecnología e inseguridad jurídica: análisis de los criterios sostenidos por la Unión Europea a la luz del principio de precaución", *Revista de Derecho y Genoma Humano: genética, biotecnología y medicina avanzada,* n° 49, 2018, p. 35-60. PARIOTTI, E. "Law, uncertainty and emeringthecnologies: towards a constructive implemtation of the-

De plano debemos advertir que no es un nuevo *status quo* urbanístico que surge de forma espontánea, o bien, de elucidaciones de contingencia para solventar crisis urbanas focalizadas. Como indicamos, la mutación de la dialéctica occidente/oriente a finales de los 80 del siglo pasado, fue condicionando un mundo más urbano, pero, más peligroso, aunque las ciudades se hayan fortalecido precisamente para protegernos de todos los riesgos. De esta forma, no sólo la pandemia del Covid-19 es la que amenaza con alterar el mundo que hemos conocido y afrontado, por lo menos, desde que se instauró la *Paz de Westfalia*.

Otros potenciales ceños nos ponen en jaque a cada vuelta del tiempo. Nos encontramos en lo más profundo de lo que URLICH BECK calificara como la *Sociedad del riesgo global*[9]. Hemos aprendido mucho a lo largo de varios siglos, pero, como afirma EDGAR MORÍN, en su análisis sobre la complejidad del pensamiento humano, el XX dictó cátedra sobre lo que realmente debemos proponernos como sociedad urbana: "(...) *la pérdida del futuro, es decir, su impredecibilidad. Esta toma de conciencia*

---

precautionary principle in the case of nanotechnologies", *Persona y derecho: Revista de fundamentación de las Instituciones Jurídicas y de los derechos humanos*, nº 62, 2010, p. 14-28. KÖLLING, G. y PAULALEITE de, T. "Nanotecnologia e riscos sanitários". En: *Derecho, gobernanza e innovación: Dilemas jurídicos de la contemporaneidad en perspectiva transdisciplinar* (Coord. María Manuela Magalhães, Dir. Rubén Miranda Gonçalves y Fábio da Silva Veiga). Universida de Portucalense, Lisboa, 2017, p. 62-67. NAVAS NAVARRO, S. (Coord.) *Inteligencia artificial: tecnología, Derecho*, Tirant lo Blanch, Valencia, 2017. Es importante destacar, que el nuevo tránsito de lo transindustrial hacia adelante es la plena concepción distópica del *posthumanismo*, donde la fusión hombre/máquina será la más palpable realidad del nuevo ser. Véase FERNÁNDEZ AGIS, D. "Humanismo, posthumanismo e identidad humana", *Ius et Scientia: Revista electrónica de Derecho y Ciencia*, Vol. 4, nº 1, 2018, p. 1-18.

[9]   BECK, Urlich. *La sociedad del riesgo global*, Siglo XXI Editores, Madrid, 2002.

debe estar acompañada de otra retroactiva y correlativa: la de la historia humana que ha sido y sigue siendo una aventura desconocida. Una gran conquista de la inteligencia sería poder, al fin, deshacerse de la ilusión de predecir el destino humano (...)"[10].

La excepcionalidad que introdujo el Covid-19, ha tensado quizá el último espacio de supervivencia de la especie humana: *la ciudad*. Más, sin embargo, la circunstancia actual ha demostrado con creces que se preserva mejor el tejido organizacional humano en la medida que las ciudades son más funcionales y mantienen su fidelidad con los paradigmas del urbanismo vigentes para cada época, siempre y cuando, la dimensión histórica la asuma bajo una lógica narrativa[11], y no analítica. Basta revisar la prensa para constatar el estado de los servicios públicos domiciliarios en aquellas áreas más alejadas de la trama urbana, que de las mejor organizada urbanísticamente hablando.

Por ejemplo, en el caso europeo, más específicamente el español, la llamada *España despoblada*[12] ha sufrido por partida

---

[10]   MORÍN, Edgar. *Los siete saberes necesarios para la educación del futuro,* Pontificia Universidad Javeriana, Colección *Orientaciones universitarias,* n° 28, Santa Fe de Bogotá, 2000, p. 73.

[11]   Sobre la lógica narrativa, véase MACINTYRE, A. *Tres versiones rivales de la ética. Enciclopedia, Genealogía y Tradición,* Editorial Rialp, Madrid, 1992, p. 60-78. También, véase VALLÉS CALATRAVA, J.R. *Diccionario de Teoría de la Narrativa,* Editorial Alhulia, Granada, 2002, p. 461.

[12]   Sobre el fenómeno de la despoblación territorial y migración hacia los centros urbanos más poblados, véase SEMPERE-SOUVANNAVONG, J.D., CUTILLAS ORGILÉS, E. y GONZÁLEZ PÉREZ, V. *La población en España: 40 años de cambio (1975-2015),* Servicio de Publicaciones de la Universidad de Alicante, Alicante 2017. También SANCHO REINOSO, A. "Rurizad lo urbano, urbanizad lo rural. La geografía y la ordenación del territorio ante la España vacía", *Revista cuatrimestral de geografía,* Vol. 37, n° 1, 2017, p. 45-50.

doble los embates de la paralización sanitaria en áreas no tan urbanas -inclusive con mayor incidencia de enfermos y muertos-, donde también, incluye la incapacidad de las administraciones públicas para enfrentar una enfermedad para la cual ninguna ciudad estaba preparada, por mucho que la sanidad haya trazado grandes líneas prospectivas. En América Latina, -sobresaliendo nuestro país, Venezuela-, a pesar de los graves y casi crónicos problemas de servicios públicos, se ha aguantado mejor en las zonas urbanas que durante las décadas pasadas fueron mejor atendidas, o mejor dicho, óptimamente urbanizadas de conformidad con los cánones iusurbanísticos en boga.

Visto así, la ciudad es el último espacio y refugio de lo que hemos conocido como la humanidad. En la medida que la ciudad fue abordada no como una mera ocupación territorial dotada de servicios[13], sino en su "*integralidad jurídico-urbanística*" durante la vigencia de cada una de las etapas del Derecho urbanístico global, como más adelante observaremos; es identificable una evidente capacidad de resistencia tan dramáticos momentos (2020-2021) que preferimos no volver a recordar en este libro.

La ciudad es un *hábitat que facilita al ciudadano*, ante incertidumbres, *la capacidad para el desarrollo de su proyecto personal e inclusive, los colectivos* que, aunque muchos no lo acepten, se encuentra escrito en la Constitución Política de cada Estado. Cualquier proyecto histórico[14] que pretenda erigirse

---

[13] Para más detalles sobre las nuevas concepciones de la ordenación territorial, véase VACQUER CABALLERÍA, M. *Derecho del territorio*, Editorial Tirant Lo Blanch, Valencia, 2018, p. 17-30.

[14] Entendemos por "proyecto histórico" entendemos todas las versiones, programas de naturaleza política, social, económica, jurídica, cultural, etc., que buscan explicar a su manera, o influir abiertamente, sobre la esencia de un particular eje histórico. Para más detalles, véase VIDAL FERNÁNDEZ, F, "La modernidad como edad de universalización: revisión del programa weberiano de modernización", *Miscelánea Comillas*, nº 126, 2007, p. 124.

como el "proyecto colectivo nacional", subordinando la Constitución a sus ideas-fuerzas, no es más que un ensayo totalitario para secuestrar al Estado y a la propia historia nacional. En esta dinámica, las ciudades pueden transformarse en resilientes o reactivas -según sea el caso- ante la tentación totalitaria, tal como llegó a ocurrir durante los años de la Administración TRUMP con las grandes ciudades en Estados Unidos que desafiaron las directrices del gobierno federal[15].

Tan especial es la fortaleza que representa la ciudad frente a cualquier embate contra el concepto de civilización humana, que vale la pena reproducir -una vez más- la carta de RENÉ DE DESCARTES enviada al escritor JEAN-LOUIS GUEZ DE BALZAC, fechada el 03 de mayo de 1631. Escribía el autor del *discurso del método*:

> "(...) No importa cuan espaciosa sea una casa de campo, **siempre le falta una infinidad de comodidades que sólo pueden ser encontradas en las ciudades**; y hasta la soledad que uno espera hallar nunca es perfecta. Admito que pueda encontrar un canal que realice el sueño más gárrulo, y un valle tan solitario que les inspire éxtasis y alegría; pero será difícil que pueda evitar a una cantidad de pequeños vecinos que a veces le fastidiarán, y cuyas visitas son incluso más molestas que las que usted recibe en París. Por contraste, en la gran ciudad en que me encuentro, no habiendo nadie, excepto yo, que no sea mercader, todo el mundo está tan pendiente de su beneficio que podría vivir aquí toda mi vida sin

---

[15] Véase el reportaje de Manuel ERICE ORONOZ, "Las ciudades santuarios desafían a Trump al rechazar las deportaciones", en: *Diario ABC* (Madrid: edición de fecha 16 de noviembre de 2016) [https://www.abc.es/internacional/abci-ciudades-santuario-desafian-201611160149_noticia.html]. También, véase Beatriz Miranda. "El COVID-19 y el nuevo orden mundial", en: *Diario El Espectador* (Santa fe de Bogotá: edición de fecha 06 de abril de 2020) [https://www.elespectador.com/opinion/el-covid-19-y-el-nuevo-orden-mundial-columna-913309]

haber sido visto nunca por nadie. Yo paseo todos los días entre la confusión de grandes multitudes con tanta libertad y reposo como usted puede encontrar en sus senderos, y no miro a las personas que veo, más que a los árboles que uno encuentra en vuestros bosques o a los animales que pasan por allí. Incluso el ruido de su actividad no interrumpe mis ensoñaciones más que el de un río. Si algunas veces reflexiono sobre sus actividades, lo hago con el mismo placer que usted tiene en contemplar a los campesinos cultivando sus parcelas, pues veo que toda su labor sirve para embellecer el lugar donde vivo para asegurar que no me falte nada.

Pues si hay placer en ver los frutos crecer en vuestros huertos y recrear la vista con la abundancia, no es menor ver a los barcos llegar aquí trayéndonos en abundancia todo lo que las Indias producen y todo lo que es raro en Europa. **¿Qué otro lugar del mundo puede uno elegir en el que todas las comodidades de la vida y cualquier curiosidad que uno pueda desear sean tan fáciles de encontrar como aquí?** (...)"[16] (Negrillas y subrayado mío).

Pero, ocurre con suma frecuencia en la historia urbana que la mayoría de los temores -fundados o no- sobrepasen los límites racionales en el mundo de los riesgos inexorables. Creamos un concepto de ciudad como una *fortaleza de certidumbres*, donde, de antemano su complejidad funcional parecía inmunizarnos de todo y de todos. En la ciudad moderna siempre existen sectores, tejidos y personas que se encargan del "todo público", de "aquello que es perturbador" dentro de un compendio normativo que les impone cometidos, atribuciones, facultades y competencias urbanas. ¿Pero qué ocurre cuando los que se encargan de todo, enferman? ¿Qué ocurre si quienes deben otorgar la certeza para los ciudadanos, también, se encuentran en una situación de vacilación más aguda que la del ciudadano promedio?

---

[16] DESCARTES, René. *Oeuvres et lettres,* Trad. Por A. Bridoux, París, 1949, pp. 728-730.

La ciudad nueva, que surge de la dinámica de los últimos dos años, comienza a ser inclusive desconocida desde los cánones del *Informe Hábitat III* (Quito 2016). Debe pensar en educar al ciudadano para la incertidumbre, y parte de esa educación comienza precisamente con replantear al Derecho urbanístico, más que todo, en advertirle que no es suficiente regular los usos del suelo o la planificación, sino también, una base en la cual todo ciudadano enfrentará su cosmovisión de incertidumbres. Además, como indicamos, se ha acelerado la transición hacia el mundo transindustrial, donde las ciudades servirán de plataformas para esa fusión tecnológica. Inclusive, pudiéramos estar en presencia de la nueva ciudad, para nada presencial y cuyo vigor se encuentra en la plataforma tecnológica virtual.

El peligro de los contextos actuales se debe a un factor que es histórico: *la tentación del poder, donde no escapa la gobernanza en materia urbanística*. Aquélla es la fuente de vicios y conductas antijurídicas, pero también, de desviaciones que pueden inclusive enmarcarse dentro de lo legal y situado en las fronteras de la disciplina urbanística[17].

Las contingencias, maximizadas por lo que implica el riesgo global, terminan por fortalecerse con una noción de "*imprescindibilidad*" de los que se "*ocupan de todo*". Y no decimos sobre las administraciones públicas, que en primera línea, serían esos sujetos.

Hablamos también de aquellos que sensiblemente se transforman en actores de preservación de la funcionalidad urbana como ocurre con el personal sanitario o el logístico de suministros permanentes de alimentos y medicinas. Y consideramos, visto todos los *seminarios web* que sobre la materia se realizaron

---

[17] Sobre el concepto de disciplina urbanística y su relación con el Derecho administrativo sancionatorio, Véase PAREJO ALFONSO, L. *La disciplina urbanística,* Iustel, Madrid, 2012. CARCELLER FERNÁNDEZ, A. *Derecho urbanístico sancionador,* Atelier, Barcelona 2004.

en este largo bienio (2020-2022), sobresaliendo los organizados en su momento por el FORO IBEROAMERICANO DE DERECHO ADMINISTRATIVO (FIDA)[18], que en nuestro contexto urbano, el estado de alarma y sus peligros apuntan hacia la vigilancia de los que se "ocupan de todo".

Así, la presente obra se divide en cuarto partes. La primera dedicada a algunas lecciones de Teoría del Derecho, para centrar la calificación moderna sobre lo que debemos entender por una "nueva tendencia" y no por mera moda o snob del momento. Esta elucidación es vital para fundamentar lo expuesto en las siguientes partes.

La segunda parte está dedicada a las etapas del Derecho urbanístico global, periodizado en sus tres (03) nítidos estadios de evolución, contados desde las reformas de HAUSSMANN y su ferviente fe en la renovación y modernización de la ciudad europea.

La tercera parte aborda pormenorizadamente los tres fenómenos que enmarcan las nuevas tendencias del Derecho urbanístico en sí: la obligatoria discusión sobre el derecho a la ciudad, la nueva arquitectura e ingeniería de la norma urbanística, transitada desde la monofuncionalidad hacia la plurifuncionalidad; y, la incursión del denominado "soft law" en el Derecho administrativo y su influencia en las reglas urbanísticas concertadas.

La última parte la dedicamos a una suerte de epílogo sobre las nuevas tendencias, y es sobre la viabilidad de concebir un control de la convencionalidad del derecho a la ciudad en Venezuela. Un nuevo abanico del Derecho procesal constitucional que pudiera facilitar la inserción venezolana en esta nueva historia normativa global del Derecho urbanístico.

---

[18] El FORO IBEROAMERICANO DE DERECHO ADMINISTRATIVO (FIDA), facilitó la plataforma *on line*, los llamados "Seminarios Web", todos, moderados por el profesor Jaime Rodríguez Arana.

Como nota final quiero agradecer las palabras del maestro iuris, profesor ALLAN R. BREWER-CARÍAS por su apoyo desinteresado en la publicación y presentación de este libro. Sabemos que el profesor Brewer ha tenido en el Derecho urbanístico una especial simbiosis, al ser uno de los más reconocidos estudiosos sobre la materia, sobresaliendo abundante obra y desvelo dedicados a lo largo de seis (06) largas décadas de febril investigación.

También quiero testimoniar a nuestros amigos de Acarigua, ciudad que me ha acogido para trabajar una de las más sensibles empresas de prepararla jurídicamente como urbe hasta un futurable 2045 -si la Providencia así me lo permite- tanto de CHADI HAMAD JOUDIEH como a la más reputada profesional del occidente venezolano en planificación urbana, la arquitecta y msc. MARÍA GABRIELA D'ALESSANDRO con quien tengo el inmenso honor de compartir tareas de gobierno y destinos compartidos. Profesional a quien he aprendido, todos los días, a admirar, guardar prolíficos silencios y respetar por su capacidad de trabajo. No en vano, este libro, se lo dedico íntegramente, pues, el reto que nos queda por delante trasciende cualquier convencionalismo.

Acarigua, 1° de septiembre de 2022

PRIMERA PARTE:

¿CÓMO CALIFICAR LO MODERNO Y QUÉ PUEDE CONSIDERARSE UNA NUEVA TENDENCIA SIN CAER EN EL SNOB?

I. LAS NUEVAS TENDENCIAS Y LA RECEPCIÓN DEL TÉRMINO EN LA TEORÍA DEL DERECHO

Mucho antes de la irrupción del Covid-19, el Derecho urbanístico ya venía asumiendo nuevas manifestaciones producto de su dinámica interdisciplinaria, donde inclusive, la regla urbanística tradicional comenzaba a sufrir una modificación sin compás alguno en la historia del Derecho. Algunos autores identificaron esta nueva manifestación de la regla urbanística como propio del nuevo mundo del pensamiento, más específicamente, en la *fractaléctica* o pensamiento autorreplicante[1].

---

[1] Para más detalles, véase SUBIRATS, E, "La ciudad fractal", *Astrágalo: revista cuatrimestral iberoamericana,* n° 4, 1996, p. 5-8. VILELLA BAS, S. "Crecimiento de la ciudad y fractales", en: AAVV. *X Congreso Internacional de Expresión Gráfica aplicada a la Edificación: Nuevas líneas de investigación en Ingeniería de Edificación,* Alicante, 2010, p. 907-916.

Desde que el BARÓN HAUSSMANN se propuso la primera versión de unas reglas urbanísticas diferenciadas de la tradición romana[2], ésta última más vinculada hacia derecho de vistas, desagües y servidumbres; el Derecho urbanístico ha girado en torno a la materialización de un modelo de ciudad. Es una regla tridimensional, capaz de transformar un gráfico, plano y diseño en dispositivo con vinculación normativa efectiva. En cuanto a la teleología de la regla urbanística, que siempre será una constante para la teoría del Derecho, aquélla responde al modelo de urbanismo predominante.

De esta manera, el Derecho urbanístico ha sido capaz de establecer reglas, mecanismos, procedimientos y otras formas de enmarcar la actuación de aquellos que se "encargan de todo" y de los que no se "encargan de nada", en el contexto de una urbe, ahora, afectada por tensiones propias de la post-pandemia que tensa sus delicados mecanismos *autopoiéticos*.

En una sociedad del ocio, como de suyo ocurre más en el primer mundo, el Derecho urbanístico asume el carácter garantista que el constitucionalismo nos empuja hacia el nuevo *koiné* del Derecho. En otras latitudes, para no abonar conceptos como "sociedades en desarrollo" o "tercer mundo", aludimos al *Derecho urbanístico de segunda velocidad*, es decir, su operacionalización en Estados donde las ciudades permanentemente viven situaciones de alarma por la carestía o carencia total de los servicios, por la improvisación en las actuaciones urbanísticas, por la irrupción de una caprichosa "disciplina urbanística" que se

---

[2]   Sobre los cambios presentados por HAUSSMANN, véase PINON, P. *Atlas du Paris haussmannien - La ville en héritage du Second Empire à nos jours*, Parigramme, París, 2002. GAILLARD, J. *Paris, la ville, 1852-1870,* Honoré Champion, París, 1977. LAVEDAN, P. *Nouvelle histoire de Paris - Histoire de l'urbanisme à Paris,* Diffusion Hachette, París, 1993. DES CARS, J. et PINON, P. *Paris-Haussmann - "La pari d'Haussmann",* Éditions du pavillon de l'Arsenal et Picard, París, 1991.

tuerce ante la lógica corrupta[3] y el férreo abrazo a modelos normativos urbanísticos ya superados, como por ejemplo, elevar a los Planes de Desarrollo Urbano Local a niveles de extremo legalismo.

Toda esta combinación, aunada a la transición que hemos hecho mención sobre el pensamiento cuántico/fractal, transforman al Derecho urbanístico en terreno fértil para una renovación jamás elucidada por sus cultores.

Por ello, queremos hacer una advertencia metodológica en lo que respecta el término "nuevas tendencias" o "modernas tendencias" que abordaremos en este trabajo. De plano, debemos descartar la actitud de la *"novedad snob"* cuando se alude a dichas construcciones influyentes en las estructuras jurídico-urbanísticas.

La novedad, sobre todo para la ciencia jurídica, no radica en elucidar conceptos, paradigmas, procedimientos o teorías jurídicas del cero histórico como de suyo, y erróneamente, nos introdujo la ilustración[4]. Lo novedoso en la Dogmática jurídica estriba en su capacidad para replantear esquemas ya superados, renovando en la profundización del discurso jurídico, más propiamente, de la teoría de la ciudad y su Derecho.

---

[3] Sobre este particular, de las desviaciones de la disciplina urbanística por razones de corrupción, véase GIMÉNEZ GARCÍA, J. "El urbanismo como escenario delictivo", en: AAVV. *Corrupción y urbanismo*, Universidad de Deusto-Cuadernos Penales José María Lidón, nº 5, Bilbao, 2008, p. 163-188. MARTÍN MATEO, R. *La gallina de los huevos de cemento,* Thomson-Civitas, Madrid, 2007).

[4] Al respecto, véase RODRÍGUEZ-ENNES, L. "El Derecho Romano y la Ilustración", *Seminarios Complutenses de Derecho Romano*, nº VI, 1994, p. 125-156.

1. ¿Cómo identificamos una novedad en Derecho y cómo se convierte en tendencia?

La novedad moderna, aunque luzca un pleonasmo, implica, citando el THESAURUS LINGUAE LATINAE, como "(...) *qui nunc, nostro tempore est novellus, praesentaneus* (...)"[5] que traduciría como "el ahora, nuestro tiempo. Lo novedoso y eficaz".

Ese "*ahora, de nuestro tiempo. Lo novedoso y eficaz*", deduce que toda construcción teórica que ambicione pretensiones de calificarse como "nueva tendencia", debe primeramente cotejarse que las ideas jurídicas introducidas coincidan, de manera conjunta, con los siguientes criterios:

* *Incidencia sobre la estructura real* de un concepto, institución o procedimiento.

* *Incidencia sobre el discurso teórico* (doctrinal o jurisprudencial) de ese concepto, institución o procedimiento.

* La *importancia de la profundización* sobre impacto y desempeño de las instituciones, conceptos o procedimientos dominantes o mejor dicho, "*consensuados*" como aprendimos del constitucionalismo moderno y democrático (óptica pragmática).

* *Proyección sobre el futuro*, como concepto, institución o procedimiento capaz de resolver la contingencia que las tendencias jurídicas dominantes no han podido resolver a satisfacción.

En este punto debemos detenernos sobre el quehacer propio de la Dogmática jurídica, y más propiamente, su más sustancial manifestación desde la aparición a finales del siglo XVII[6].

---

[5]   *Thaesarus Lingua Latinae,* Leipzig: B.G. Teubneri, 1966, Vol. VIII, p. 244.

[6]   Véase MASSINI, C.I. *La desintegración del pensar jurídico en la edad moderna,* Abeledo-Perrot, Buenos Aires, 1980.

Siempre hemos vivido bajo la neurosis de las *"respuestas totales en Derecho"*, capaces de construir las *"Summas Iuridicae"* que han consolidado el discurso jurídico occidental en los últimos dos siglos.

El problema estriba en que la realidad, los hechos, siempre terminarán imponiendo su tiranía por sobre cualquier construcción ideal-conceptual. A esta tradición fáctica, se le adiciona los condicionantes propios de la razón cuántico/fractal[7], donde la solución se centra más en lo fragmentario que en las *summas*.

---

[7]   En el pensamiento cuántico/fractal, operacionalizado en el algoritmo, es contrario a la tendencia de agruparse en teorías generales, dando así pie al denominado "esquema multinivel". Por ello, de manera pedagógica, esta forma de razonar cuántico/fractal posee cuatro (04) características: 1. *Desaparece todo significado concreto de las palabras*. Para el pensamiento cuántico es imposible entender, por ejemplo, la palabra Constitución sin agregarle varios significados. De esta manera, el primer indicador del Derecho en el mundo cuántico se manifiesta con la aparición de nuevos oxímoron como "Dictadura constitucional", "La e-justicia", "la justicia virtual", etc. En el racionalismo clásico de la modernidad crítico/lineal que una definición jurídica careciera de un sentido concreto era considerada "inaceptable", amén de ser desechada de plano por su evidente capacidad de inducir a errores. 2. *Los resultados son esquemáticos a multinivel*. Esta cualidad expresa que las palabras y conceptos no solo se representan en el clásico manejo de la dimensión lingüística, sino que operan a niveles no lingüísticos, tales como: comportamiento, simbolismo, etc. En el Derecho urbanístico esta característica se hace palpable al aceptar lo que denominados *norma gráfica*, en la cual, se le otorga un valor normativo a un cálculo matemático, a un plano, a unas coordenadas, etc. 3. *Esquematización no lingüística de los términos*. Está relacionado con el lenguaje pictográmico, específicamente, al chino, el árabe, el hebreo y la escritura cirílica. En estos lenguajes, cada símbolo representa valores y conceptos per se, sin tener que emplear la abstracción como hacemos los occidentales para discernir entre los valioso de lo supefluo. 4. *El porcentaje de probabilidad de que dicha esquematización multinivel sea así*. Es acá donde nos introducimos en el mundo de los algoritmos, como ya explicamos. El

Ahora, el Derecho, debe entender que lo importante es asumir aquella idea que MACINTYRE exponía: *sobre la razón narrativa*. En ella la Teoría del Derecho parece entender que su vitalidad estriba no en las respuestas totales, sino, en la *"debida respuesta"* para la contingencia precisa, que fragmentada por el pensamiento cuántico, requiere más que nunca de un hilo argumental conductor.

No es que propongamos una fragmentación del discurso jurídico, devolviéndonos al llamado *"derecho romano de los romanos"* como lo explicaba RICARDO ORESTANO en sus lecciones[8]. Debemos entender que la historia jurídico-generacional es

---

algoritmo, citando a Christopher Steiner es una "(...) *lista de instrucciones que lleva directamente a un usuario a una respuesta o resultado particular dada la información disponible* (...)" STEINER, C. *Automatethis: How Algorithmscameto Rule the World.* Penguin, New York, 2012, p. 15-21. El pensamiento cuántico introduce lo que se denomina *balance de probabilidad de ocurrencia terminológica.* Supongamos que definamos el concepto de estado de policía como "ausencia de estado de Derecho", tal como lo hacemos desde el siglo XVIII. En el razonar cuántico, esa linealidad se disipa y fragmenta, otorgándose no un "consenso" sobre una definición del estado de policía, sino un "porcentaje de probabilidad" de que en efecto exista una "ausencia" y probabilidad de "estado de Derecho". Así, el algoritmo se alimenta de la Big Data aportada por los usuarios de redes sociales y demás sistemas. Para más detalles, véase PEÑA MERÍ, R. "Historia de los algoritmos y de los lenguajes de programación", *Novática: Revista de la Asociación de Técnicos en Informática*, nº 209, 2011, p. 60-63. RICO-JUAN, J.R. *Esquemas algorítmicos.* Servicio de Publicaciones de la Universidad de Alicante, Alicante, 2003.

[8]   La expresión "derecho romano de los romanos" encierra la experiencia real del fenómeno jurídico nominado bajo la expresión "Derecho Romano", vigente desde los orígenes de Roma hasta la finalización del reinado del Emperador Justiniano. Esta aclaratoria es necesaria explicarla por cuanto tras la caída de la civilización romana, las normas y demás fuentes romanas fueron objeto de manipulaciones, abstracciones y demás procesos teóricos que alteraron el espíritu original. Lo que

un capítulo, y cada generación, como sujetos que componen un sistema jurídico específico, *escribe ese capítulo que le corresponde por derecho propio, sin alterar el anterior pero tampoco pretendiendo secuestrar el siguiente.* Sencillamente hay que responder a los problemas que sólo el Derecho puede formular en su tiempo, sin olvidar sus tradiciones y lo aprendido en los capítulos anteriores.

Cuando el Derecho, o mejor dicho, sus cultores, entienden la dificultad de este equilibrio, es que podemos hablar con propiedad de *nuevas tendencias.*

Repetimos, nuevas tendencias no pueden enmarcarse como una "moda" a la cual se habla y se sigue por un prurito de mera estética o relevancia teórica.

Y como último elemento preconfigurador de una nueva tendencia, tenemos:

* Evitar *juzgar como "periclitadas, malas, demodés, insuficientes, etc" las anteriores tendencias que alguna vez fueron nuevas.*

No sabemos si en su replanteamiento, vuelvan con otra forma y presentación, pero, conservando la sustancia. La moralización teórica, salvo, en casos de teorías extremas como las planteadas por los juristas afectos al nazismo[9], debe someterse a

---

aprendimos todos nosotros en las facultades de Derecho como Derecho Romano, con su organización conceptual y programa, es una creación totalmente elaborada en el siglo XIX conocido como *dogmática romanística* (WINSCHEID, VON BÜLLOW, KOLLER) que nada se asemeja a la verdadera expresión del Derecho romano origina. Véase ORESTANO, R. *Introducción al estudio del Derecho Romano,* Universidad Carlos III, Madrid, 1997, p. 145 y ss.

[9] Véase RÜTHERS, B. *Derecho degenerado: teoría jurídica y juristas de cámara en el Tercer Reich*, Marcial Pons, Madrid, 2016. MÜLLER, I. Los juristas del horror. *La justicia de Hitler, el pasado que Alemania*

una fuerte interdicción. El cero histórico teórico-jurídico ha terminado siempre estrellándose contra la propia realidad. Un ejemplo de ello, más reciente, ocurrió con la famosa tesis del *Derecho dúctil*[10], replanteada década después por el propio autor[11], en un ejercicio de reflexión personal tras varios años en la máxima judicatura italiana.

---

no puede dejar atrás, Ediciones de Álvaro Nora, trad. Carlos Armando Figueredo, Caracas, 2009.

[10] ZAGREBELSKY, Gustavo. *El derecho dúctil*, Editorial Trotta, Madrid, 1995.

[11] ZAGREBELSKY, Gustavo. Principios y votos. El Tribunal Constitucional y la política, Editorial Trotta, Madrid, 2009.

SEGUNDA PARTE:

LAS ETAPAS DEL DERECHO URBANÍS-TICO GLOBAL Y SU HISTORIA

I.   ¿PODEMOS HABLAR DE UNA CLIOMETRÍA DEL DERECHO URBANÍSTICO GLOBAL?

Con las debidas advertencias sobre lo que implica una nueva tendencia en el Derecho, previamente avizorada en la primera parte de este libro, nos vemos en la necesidad de ubicarnos en las dimensiones históricas del Derecho urbanístico global. Al respecto, es innegable que existe el consenso en el punto de partida de nuestra disciplina, que se sitúa en la reforma de HAUSS-MANN para la París del Segundo Imperio a las cuales se han adicionado las más refinadas técnicas que el urbanismo y la arquitectura han impuesto a lo largo del siglo XX, que puede calificarse, como el siglo del triunfo de la ciudad[12].

De esta manera, verificaremos antes, cuáles han sido las etapas del Derecho urbanístico global partiendo no sólo de lo que se encuentra como nueva tendencia, sino sus diferentes estadios

---

[12]   Véase MATAMOROS, B.   "De Tropiezos y Retornos", *Cuadernos Hispanoamericanos,* n° 594, diciembre de 1999, p. 35-43.

atendiendo la *cliometría* como método específico para tal fin[13]. Esta última nos introduce en una metodología precisa para establecer cuándo y cómo estamos en presencia activa de una determinada etapa, que si bien ha sido formulada para la economía, para el Derecho no habría mayores obstáculos epistemológicos.

Sólo basta que coincidan el *eje histórico*, el *cambio cualitativo* y el *proyecto histórico* para entonces hablar científicamente de las etapas científicas de una ciencia o una de sus ramas. En el caso del Derecho urbanístico, es clara la presencia de tres (03) etapas, contadas desde 1855 hasta nuestros días.

1. *El derecho del Plan funcional (1855-1990)*

Comienza precisamente con HAUSSMANN y culmina en 1990 con el final del modelo estructuralista[14] y la crisis ecológica acumulada hasta entonces, dando por sentada la victoria en derrotar la noción industrialista de la *Coketown*[15].

Calificamos a este Derecho urbanístico dedicado íntegramente a la *regulación de la ciudad*, preocupado más por el territorio y no tanto por el ciudadano, aunque su principal motivo era

---

[13] La *cliometría* como disciplina edificada por los economistas en su constante estudio de los períodos económicos, circunscribe toda metodología en precisar el estudio de los ciclos y etapas de la realidad misma que las agrupa. La aplicación de las principales técnicas confeccionadas desde la cliometría hasta nuestra investigación, parte de la necesidad científica de evitar una periodización normativo-urbanística que responda al capricho del autor. Sobre la cliometría, véase HUGHES, J. *American economic history; the development of a natural economy,* Homewood, Illinois, 1969. REITER, S. y HURWICK, L. *Designing economic mechanism,* Cambridge University Press, Cambridge, 2006.

[14] Véase al respecto, HABERMAS, J. "Arquitectura moderna y postmoderna", *Revista de Occidente,* n° 42 (noviembre 1984), p. 106-110.

[15] Véase ALOMAR, G. *Teoría de la ciudad*, Instituto de Estudios de Administración Local, Madrid, 1980, p. 120.

higienizar las ciudades a través del concepto de "ensanches" como bien lo explicó la profesora de la Universidad a Coruña, ALMUDENA FERNÁNDEZ, en seminario virtual del FIDA[16].

Es el Derecho urbanístico apegado al *zoning*[17], a la regla urbanística monofuncional, al sistema de planes cerrados[18], a la limitación de la propiedad urbana[19], al seccionamiento territorial, etc. Fue el modelo jurídico-urbanístico que alimentaría nuestras vigentes leyes de Ordenación Territorial (1983) y Ordenación Urbanística (1987), donde, las vinculaciones urbanísticas asumirían, por ejemplo, en Venezuela, el mote muy nuestro de *Variables Urbanas Fundamentales* (VUF)[20].

---

[16] FORO IBEROAMERICANO DE DERECHO ADMINISTRATIVO (FIDA), *El Derecho administrativo en tiempo de COVID-19: El Derecho urbanístico en tiempos de COVID-19.* Sexto webinar, celebrado el 28 de mayo de 2020. Puede ser consultado en el canal de YouTube de la FUNDACIÓN UNIVERSITAS: https://www.youtube.com/watch?v=6AFw2MNSqGk

[17] En relación al *Zoning*, véase GUERREMO MANSO, C. de. *La Zonificación de la Ciudad: Concepto, Dinámica y Efectos,* Thomson-Reuters-Aranzadi, Pamplona, 2012.

[18] Al respecto, sobre la evolución del concepto y sistema de planes, véase PAREJO ALFONSO, L. "El plan urbanístico no es sólo norma. El pro de la superación de la doctrina simplificadora de su naturaleza", *Práctica urbanística. Revista Mensual de Urbanismo,* nº 144, 2017, p. 23-29.

[19] Véase BREWER-CARÍAS, A.R. *Urbanismo y propiedad privada,* Editorial Jurídica Venezolana, Caracas, 1980.

[20] En Venezuela la técnica escogida por la Ley Orgánica de Ordenación Urbanística (LOOU) vigente, lleva por nombre *Variables Urbanas Fundamentales.* Para más detalles, véase GRIMALDI CASTRO, L. *Interpretación y reglamentación de las Variables Urbanas Fundamentales,* Cuadernos de la Universidad Simón Bolívar, Caracas, 1994. Para más detalles, en relación al Derecho urbanístico venezolano, véase URBINA MENDOZA, E.J. *El Derecho Urbanístico en Venezuela (1946-*

2. *El derecho del Plan y el cuidado del ambiente (1996-2016)*

Luego de la Cumbre de Río, en 1992, el Derecho urbanístico comenzó a preocuparse no sólo por regular la ciudad y su ocupación, sino que comienza a concebirla *como un "hábitat" donde se lucha por restituir el equilibrio ambiental roto por los modelos de desarrollo urbano*. En la conferencia de Estambul de 1996 (conocido como HÁBITAT II)[21], se introducen conceptos como "desarrollo urbano sustentable", gestión racional del suelo urbano, cuidado del ambiente urbano, estado ambiental de Derecho[22] y otras abstracciones operativas que en nuestro continente se concretarían en las diferentes leyes sobre urbanismo nuevas, o bien, adicionándole regulaciones de esta naturaleza a las ya existente, como en efecto, ocurriría en Venezuela en 1996

2019). Entre la tentación centralizadora y la atomización normativa de la ciudad venezolana sofocada, Editorial Jurídica Venezolana, Caracas, 2019.

[21] La Organización de las Naciones Unidas comienza a preocuparse por el tema de los asentamientos humanos al celebrarse la Conferencia de Vancouver (1976) mejor conocida como Hábitat I (Res. 31/109 de fecha 16 de diciembre de 1976). En 1978 se crea el Programa de las Naciones Unidas sobre Asentamientos Humanos conocido desde entonces como ONU-HÁBITAT. desde entonces cada 30 años celebra las Conferencias Generales, siendo así las de Estambul en 1996 (Hábitat II) y la Conferencia de Quito de 2016 sobre la vivienda y el desarrollo urbano sostenible (Hábitat III: Res/71/256 de fecha 20 de octubre de 2016).

[22] Véase JORDANO FRAGA, J. "La Administración en el Estado ambiental de Derecho", *Revista de administración pública (RAP),* nº 173, 2007, p. 101-141. TEITELBAUM, A. *La crisis actual del derecho al desarrollo,* Universidad de Deusto-Servicio de Publicaciones, Bilbao, 2001.

cuando se aprueban las *Normas sobre Evaluación ambiental de actividades susceptibles para degradar el* ambiente[23].

3. *El derecho del ciudadano y su ciudad (2016-)*

Formalmente esta tercera etapa comienza en 2016 con la aprobación del Informe HÁBITAT III, conocida como la *Nueva Agenda Urbana*, la cual, se ha trazado un horizonte temporal hasta el año 2030. Las metas de la década para la ciudad, ha marcado la esencia misma del Derecho urbanístico, pues, ya su prioridad no es la regulación de la ciudad o el hábitat, sino, *colocar ambas al servicio del ciudadano*. Esto no quiere decir que desprecie a sus contenidos conceptuales de las dos etapas anteriores. Siguen estando presente entre sus instituciones, pero, ya no como paradigma central.

El Derecho urbanístico de los últimos años busca centrar sus esfuerzos teóricos no sólo en optimizar su patrimonio epistemológico acumulado en siglo y medio, sino también, el papel y desafío de los derechos fundamentales[24], la ocupación del hábitat cada vez más sustentable[25], los planes más humanizados y

---

[23] Decreto Presidencial n° 1.257, publicado en Gaceta Oficial de la República de Venezuela, n° 35.946 de fecha 16 de abril de 1996.

[24] Véase PAREJO ALFONSO, Luciano. "Reflexiones sobre la evolución del sistema urbanístico desde sus fundamentos", *Revista de Derecho Urbanístico y Medio Ambiente,* n° 311, 2017, p. 297-322. ASCHER, F. *Les nouveaux principes de l'urbanisme. La fin des villes n'est pas à l'ordre du jour,* Éditions de l'Aube, París, 2004, p. 67-90.

[25] Véase GONZÁLEZ-VARAS IBÁÑEZ, S. "Pasado, presente y futuro del Derecho urbanístico", *Revista de Derecho Urbanístico y Medio Ambiente,* n° 311, 2017, p. 167-177. GONZÁLEZ BUENDÍA, F. "Las dificultades actuales de la ordenación del territorio y del urbanismo", *Revista de Derecho Urbanístico y Medio Ambiente,* n° 322, 2018, p. 19-36. PIPARD-THAVEZ, D. *Le nouveau droit de l'urbanisme,* M.B.

cónsonos con el derecho a la ciudad[26], la inclusión del proceso denominado *smarts cities*[27], una cada vez más precisa *disciplina urbanística*, asumir los parámetros de un *soft law* más equilibrado y eficaz capaz de reflejar el concepto de *buena Administración del urbanismo*[28], así como, otros términos más "aggiornados" como *resiliencia* de alcance global[29].

Éditions, París, 2004, p. 39-46. MENGOLI, G.C. *Manuale di Diritto Urbanistico*, Giuffrè Editore, Milano, 2009, p. 23-34.

[26] Véase ÁVILA ORIVE, J.L. *Ciudadanía urbana, desarrollo sostenible y derecho a la ciudad,* Editorial Tirant Lo Blanch, Valencia, 2018, p 15-68. BOUAZZA ARIÑO, O. "La protección de la función ambiental del derecho de propiedad en la reciente jurisprudencia del Tribunal Europeo de Derechos Humanos". En *El derecho a la ciudad y el territorio. Estudios en homenaje a Manuel Ballbé Prunés,* dir. Judith Gifreu i Font, Madrid, 2016, p. 188-204.

[27] Véase RODRÍGUEZ-ARANA MUÑOZ, J y FERNÁNDEZ CARBALLAL, A. *La buena administración del urbanismo. Principios y realidades jurídicas*, Editorial Tirant Lo Blanch, Valencia, 2018, p. 19-29.

[28] Además de la obra citada de los profesores Jaime Rodríguez-Arana Muñoz y Almudena Fernández Carballal, véase PAREJO ALFONSO, L. "La actuación administrativa a caballo. De la división entre normación y simple ejecución y el caso de la planificación y el plan", *Revista de Derecho Público: Teoría y Método*, Vol 1, 2020, p. 1-34.

[29] Carta Encíclica *Laudatio Si, sobre el cuidado de la casa común* (Roma: AAS, n° 107.9, 2015), p. 84-945.

TERCERA PARTE:

LAS NUEVAS TENDENCIAS DEL DERECHO URBANÍSTICO GLOBAL

I. NUEVAS TENDENCIAS DEL DERECHO URBANÍSTICO. UN NUEVO ENSAYO PARA LA RENOVACIÓN DE LA DISCIPLINA EN LA TRANSICIÓN DE LA SOCIEDAD MODERNA CRÍTICO/LINEAL HACIA LA CUÁNTICO/ FRACTAL

La última de las etapas del Derecho urbanístico, brevemente reseñada en segunda parte que precedió a la presente, abre las puertas para las nuevas tendencias que lo precisan. Tendencias que establecerán sus nuevos compases y velocidades en medio de los retos que impone la normativa global, por ejemplo, la *Agenda Urbana 2030*.

Si debemos estar conscientes que al finalizar la década que vivimos (2029-2030), las ciudades y sus ciudadanos deben reflejar una armonía a prueba de cualquier contingencia, incluyendo, las que vivimos con la pandemia del Covid-19. De esta forma, las nuevas tendencias la podemos resumir en tres ideasfuerza, como en efecto, lo reseñamos en dos trabajos publicados, en Madrid, en la REVISTA AMERICANA DE URBANISMO[30]:

* El derecho a la ciudad.

* La nueva norma urbanística plurifuncional.

* El *soft-law* urbanístico.

Estos ejes teóricos comienzan a debatirse en todo el orbe bajo diferentes enfoques, muchas veces polémicos no sólo en lo metodológico, sino, en el contenido y categorías epistemológicas. Tanto la doctrina que los recoge[31] como la jurisprudencia europea[32], han incorporado estos avances desde hace décadas,

---

[30] Véase URBINA MENDOZA, E.J. "El control de la convencionalidad de los derechos fundamentales contemplados en las cartas globales sobre el derecho a la ciudad y su aplicabilidad en el Derecho urbanístico interno. Un caso de estudio: el Derecho urbanístico venezolano", *Revista Americana de Urbanismo (RADU)*, n° 2, 2019, p. 159-209. También, "Las nuevas tendencias del Derecho urbanístico global en el contexto de la sociedad del riesgo global. ¿Puede hablarse de un Derecho urbanístico algorítmico, post-covid-19?, *Revista Americana de Urbanismo (RADU)*, n° 3, 2020, p. 147-186.

[31] Véase BORJA I SEBASTIÁ, J. *Los derechos en la globalización y el derecho a la ciudad,* Fundación Alternativas, Madrid, 2004. CUERDA MONTOYA, J.A. "La Europa de las ciudades y el derecho a la ciudad". En *Debates para una nueva Europa. Reflexiones ciudadanas para el cambio,* coord por José María González Zorrila, Madrid, 2014, p. 37-40. PAQUOT, T. *"Le droit à la ville et à l'urbain".* En *Alterarchitectures Manifesto: observatory of innovative architectural and urban process in Europe,* coord. por Yvette Masson Zanussi, Thierry Paquiot y Marcos Stathpoulos, Bruselas, 2012, p. 269-279. GARNIER, J.P. "Le droit à la ville de Henri Lefebvre à David Harveyentre théorisations et réalisation", *Homme et la societé: revue internationale de recherches et de synthèses sociologiques,* n° 191, 2014, p. 59-70.

[32] Véase sentencias emblemáticas del tema abordado, dictadas por el Tribunal de Justicia de la Unión Europea (TJUE), las cuales, se pueden

cuando no, los parlamentos y las regulaciones normativas desde Europa hasta algunas experiencias latinoamericanas[33], donde también se debate no sólo la generalidad del derecho a la ciudad y su control jurisdiccional, sino también desde la perspectiva de género[34].

Sin embargo, en Venezuela, se complica su recepción en razón del escaso debate sobre lo que implica el derecho a la ciudad, máxime cuando en 2014, un Decreto-Ley dictado por el

---

recuperar en su portal: http://curia.europa.eu/juris/recherche. De los últimos años, de relevancia, tenemos: Sentencia n° EU 2018:833, Asunto C-167/17 de fecha 18-10-2018 (Caso: *Volkmar Klohn*), sentencia n° EU 2018:401, Asunto C-160/17 de fecha 07.06.2018 (Caso: *Raoul Thybaut*), sentencia n° EU 2016:603, Asunto C-374-15 de fecha 28.07.2016 (Caso: *Association France Nature Environnement*), sentencia n° EU 2013:833, Asunto C-463-11 de fecha 18-04-2013. Véase también PÉREZ-MARÍN BENÍTEZ, A. "Derecho de propiedad, dotaciones públicas y urbanismo: apuntes de urgencia a la luz de la jurisprudencia del Tribunal de Justicia de la Unión Europea y del Tribunal Europeo de Derechos Humanos", *Actualidad administrativa,* n° 9, 2017.

[33] En el caso Europeo, véase la *Directiva 2001/42/CE* del Parlamento y del Consejo Europeo de fecha 27 de junio de 2001, sobre medio ambiente y planeamiento urbano. En relación a la evaluación conjunta de la normativa de la Unión y las ciudades, véase Comisión Europea. *Informe de la Comisión al Consejo sobre la Agenda Urbana para la UE.* Bruselas, 20 de noviembre de 2017, COM (2017) 657 final, pp. 9-12. También, Véase CHABROT, C. "Le Charte européenne des droits de l'homme dans la ville. Un example d'acte <prejuridique>", *Revue du droit public et de la science politique en France et à l'etranger,* n° 2, 2007, p. 355-378. En el caso colombiano, tenemos la experiencia del *Decreto 364 contentivo del Plan de Ordenamiento Territorial (POT) de Bogotá*, elaborado por la Secretaría Distrital de Planeación de la Alcaldía Mayor de Bogotá (D.C.) del año 2013.

[34] MONTOYA RUIZ, A.M. "Aproximaciones sobre el derecho a la ciudad de las mujeres desde un enfoque de seguridad humana", *Ratio Juris.* Vol. 7, n° 15, 2012, p. 177-190.

Presidente de la República[35] lo revistió y desfiguró como un *derecho de naturaleza* prestacional[36] y que a su vez apalancaría "(...) *en la construcción del socialismo* (...)"[37]. Este caso no será el primero de dicotomía entre la institución y las regulaciones normativas. Ya ocurrió precisamente con la derogatoria de la

[35] Se incorpora en nuestra legislación el término "derecho a la ciudad" en el *Decreto con Rango, Valor y Fuerza de Ley de Regionalización Integral para el Desarrollo Socioproductivo de la Patria*, publicado en Gaceta Oficial de la República Bolivariana de Venezuela, extraordinario, n° 6.151 de fecha 18-11-2014. Sobre el particular, véase URBINA MENDOZA, E.J. "La transformación inconstitucional del concepto sobre equipamiento urbano como <escala de regionalización> en el Decreto-Ley de Regionalización Integral para el Desarrollo Socioproductivo de la Patria", *Revista de Derecho Público*, n° 140, 2014, p. 383-400.

[36] El decreto-ley contempla el exabrupto al calificar en su exposición de motivos que "(...) el presente Decreto con Rango, Valor y Fuerza de Ley dispone el marco de desarrollo de lo extraordinario en todas las escalas del territorio, para enfrentar la pobreza estructural así como *dotar del derecho a la ciudad a toda la población* (...)" (cursivas nuestras). Así, el legislador delegado venezolano lo ha concebido como una suerte de errónea de derecho de naturaleza prestacional. En el Título V, Capítulo II del citado Decreto-Ley, lo intitula de como "Equipamiento urbano para la democratización del derecho a la ciudad", concretándose el artículo 45, ejusdem, de la siguiente manera: "**Artículo 45.** Con el objeto de regular los instrumentos necesarios que garanticen la democratización del derecho a la ciudad, la plena satisfacción de las necesidades básicas y sociales consagradas en la Constitución de la República Bolivariana de Venezuela y en este Decreto con Rango, Valor y Fuerza de Ley (...)".

[37] Artículo 46 del Decreto-Ley de Regionalización otorga una teleología al derecho a la ciudad, que no sería más para construir el socialismo, fijándolo como mínimos de atenciones. El derecho a la ciudad como construcción teórica, no está para cumplir fines ideológicos ni mucho menos para ser apropiado como un instrumento de pensamiento político-partidista.

Ley Orgánica de Ordenación Urbanística y la de Ordenación del Territorio en 2005, ordenada por la Ley Orgánica para la Gestión del Territorio, esta última, que tampoco entraría en vigencia de forma inexplicable[38].

---

[38] Hacemos referencia al incomprensivo impase legislativo propinado en 2005 con la aprobación de la nunca vigente Ley Orgánica para la Planificación y Gestión del Territorio. La citada ley fue publicada el 1° de septiembre de 2005 en Gaceta Oficial n° 38.263. Sin embargo, la Asamblea Nacional mediante oficio ANG-239 del 21/09/2005, ordena su reimpresión por error material del ente emisor, publicándose finalmente en la Gaceta Oficial n° 38.279 del 23/09/2005. El 1° de marzo de 2006, apareció también forma sorpresiva en Gaceta Oficial (n° 38.388) la primera reforma de este documento, incorporándole una *vacatio legis* hasta el 31/08/2006. El 1° de septiembre de 2006 (Gaceta Oficial Extraordinaria n° 5.820), nuevamente se dicta otra reforma parcial otorgándosele otra *vacatio* hasta marzo de 2007. El 27 de febrero de 2007, de forma insólita, la Asamblea Nacional en vez de conceder otra *vacatio* se publica en Gaceta Oficial n° 38.633, la *Ley Derogatoria de la Ley Orgánica para la Planificación y Gestión del Territorio*. Sobre este particular, el profesor BREWER-CARÍAS expresaría: "(…) *La Ley que nunca fue tal, pretendía por otra parte refundir los textos de las dos Leyes Orgánicas precedentes, con algunos cambios significativos. Los objetivos de esa Ley Orgánica que nunca estuvo vigente, en todo caso, eran establecer las disposiciones que en concordancia con las realidades ecológicas y los principios, criterios, objetivos estratégicos del desarrollo sustentable, que incluyan la participación ciudadana y sirvan de base para la planificación del desarrollo endógeno, económico y social de la Nación (art. 1). Ello, sin embargo, sigue estando regulado en las mencionadas Ley Orgánica para la Ordenación del Territorio de 1983 y la Ley Orgánica de Ordenación Urbanística de 1987* (…)" BREWER-CARÍAS, Allan R. "El Curioso e Insólito Caso de la Ley Orgánica para la Planificación y Gestión de la Ordenación del Territorio, Sancionada en Septiembre de 2005 y Derogada en Febrero 2007 sin haber entrado en Vigencia", *Revista de Derecho Público*, n° 109, 2007, p. 65-71. También, Para más detalles, véase URBINA MENDOZA, Emilio J. "La nueva Ley Orgánica de Planificación

1. *El derecho a la ciudad*

Debemos advertir que la expresión notoria en el argot urbanístico, conocida como "derecho a la ciudad", no posee orígenes que la vinculen con la teoría de los derechos fundamentales, como erróneamente parece lucir a primera vista.

Una vez adentrado el siglo XXI, se ha posicionado más dentro de la esfera del Derecho urbanístico por la recepción de la doctrina y la jurisprudencia comunitaria europea anteriormente citada. Su mocedad se remonta a finales de los años 60 del siglo XX con la obra del sociólogo HENRY LEFEBVRE intitulado *Le droit à la ville*[39]. En dicho trabajo, LEFEBVRE formula una respuesta cáustica contra el quietismo estructuralista de la ciudad plasmada en la CARTA DE ATENAS[40].

---

y Gestión del Territorio y su inserción en la historia de la normativa urbanística nacional", *Revista Iuridica*, n° 3, 2006, p. 55-67.

[39] LEFEBVRE, H. *Le droit à la ville*, Anthropos Éditions, París, 1968.

[40] El propio LEFEBVRE explicará las funciones de su término "droit à la ville", cuando en la obra (p. 138) expresamente indica: "(...) *este derecho* [a la ciudad], *a través de sorprendentes rodeos (la nostalgia, el turismo, el retorno hacia el corazón de la ciudad tradicional, la llamada de centralidades existentes o nuevamente elaboradas) camina lentamente. La reivindicación de la naturaleza, el deseo de gozar de ella, desvían el derecho a la ciudad. Esta última reivindicación se enuncia indirectamente como tendencia a huir de la ciudad deteriorada y no renovada, porque la vida urbana alienada debe existir "realmente". La necesidad y el "derecho" a la naturaleza contrarían el derecho a la ciudad sin conseguir eludirlo (Ello no significa que no sea preciso reservar vastos espacios "naturales" ante las proliferaciones de ciudad desintegrada (...)*" (Traducción del francés nuestra). Sobre la Carta de Atenas y sus particularidades, véase LE CORBUSIER. *Principios de urbanismo. La Carta de Atenas*, Editorial Ariel, Barcelona, 1971.

En ningún momento supuso su obra una formulación de un derecho humano alguno, sino hasta que fuera releída y consagrada en 2004 en la CARTA MUNDIAL POR EL DERECHO A LA CIUDAD. Como bien lo apunta el profesor ÁVILA ORIVE, durante casi tres décadas, la *expresión carismática* fue un símbolo y eslogan de movimientos sociales, preocupados por el medio ambiente, la falta de vivienda, la segregación urbana y la injusticia social en las ciudades[41].

El derecho a la ciudad si bien ha tenido escasa recepción en los ordenamientos jurídicos su formulación en el plano de la Dogmática jurídica ha sido múltiple, lo que pone de manifiesto la diversidad de visiones y expectativas[42]. Sin embargo, somos de la tesis que el derecho a la ciudad, más allá de los enunciados y sin decantarnos por las definiciones que contempla cada documento (cartas globales), es una *tendencia que refleja un proyecto común por construir unas reglas universales que incorporen a las ciudades como hábitats que se caractericen por el acceso al usufructo equitativo de sus recursos, actualizando y validando periódicamente el sistema internacional de protección de los derechos fundamentales.*

Visto así, podemos, en un primer plano encuadrar dentro del Derecho urbanístico que el derecho a la ciudad termina configurándose como un *archilexema jurídico*[43], para aquellos que usamos el español como lengua del Derecho y de especialidad[44]. Somos atrevidos al adelantar esta hipótesis, pues, como se indicó, dudamos que el derecho a la ciudad sea un derecho funda-

---

[41]   ÁVILA ORIVE, J.L., *Ciudadanía urbana ...*, p. 12.

[42]   ÁVILA ORIVE, J.L., *Ciudadanía urbana ...*, p. 128.

[43]   Sobre la aplicación de la terminología gramatical en Derecho, véase SÁNCHEZ DE LA TORRE, A. *Crisis y recreación del Derecho,* Instituto de España, Madrid, 2001, p. 9.

[44]   ALCARAZ VARÓ, E., HUGHES, B., y GÓMEZ, A. *El español jurídico,* Ariel Editorial, Barcelona, 2014, p. 15-42.

mental en el sentido estricto de la palabra, pero, tampoco podemos excluirlo del universo jurídico que encierra esta rica terminología que apenas comienza a generar debates en el plano del Derecho urbanístico.

Un *archilexema* es una palabra que identifica el contenido global del campo léxico en que son considerados derechos y deberes, constituyendo su referencia universal y conteniéndolos en la estructura binaria: o es o no es un derecho fundamental.

En el caso del *derecho a la ciudad*, observamos, y más por la forma en que las cartas globales lo contemplan, como una suerte de palabra que puede englobar múltiples manifestaciones de derechos fundamentales conexos. Esta situación nos obliga a detenernos en las formulaciones observadas por el catedrático ÁVILA ORIVE en relación a los alcances de la expresión derecho a la ciudad, ya que "(...) *ha sido concebido como un derecho que pretende representar una forma superior de derechos, que contiene a todos los derechos urbanos y garantiza su cumplimiento* (...)"[45]. De esta forma, existen dos concepciones en la actualidad.

1.1. *El derecho a la ciudad como "derechos de derechos"*

Es la primera postura que determina la naturaleza jurídica, enmarcándolo como una suerte de *derecho de derechos*. Entiende así que la idea principal del derecho a la ciudad es su composición de otros derechos fundamentales conexos, tan igual como lo presenta la CARTA MUNDIAL PARA EL DERECHO A LA CIUDAD (2005).

Asumir así, entonces, el derecho a la ciudad no sería ni una construcción novísima, como tampoco tendría una utilidad ni teórica ni práctica, pues, si el contenido de otros derechos fundamentales son los que definen todo, entonces, el derecho a la

---

[45] ÁVILA ORIVE, J.L., *Ciudadanía urbana* ..., p. 128-129.

ciudad será un término acuñado para una sofisticada estética dentro del Derecho urbanístico. Y no hay nada más pernicioso para el discurso jurídico que apelar a expresiones o vocablos que más bien alimentan vacíos[46].

Por otra parte, coincidimos con lo expuesto por ÁVILA ORIVE sobre lo superfluo de los llamados "derechos-síntesis", como en su momento ocurrió con la expresión "derecho al desarrollo"[47] y otras más que marcaron ecos dentro del mundo del urbanismo.

1.2. *El derecho de acceso a los beneficios y ventajas de la ciudad*

Esta segunda vertiente condiciona al derecho a la ciudad como una instrumentalización del derecho al acceso a la vida urbana y sus beneficios, como acceso y disfrute de las condiciones, ventajas y beneficios que ofrece la ciudad[48]. Estos beneficios comienzan precisamente por facilitar a cada ciudadano, instrumentos de protección como, por ejemplo, solicitar un amparo o tutela constitucional en aquellos casos donde no exista un Plan de Ordenación Territorial o Urbanística, como también, para la vigilancia y funcionamiento de los servicios públicos urbanos domiciliarios a través del arsenal de acciones y recursos jurisdiccionales del contencioso-adminis-trativo contemporáneo.

A lo largo de los últimos 20 años, el derecho a la ciudad se ha concretado en varios documentos globales, unos con mayor prestigio que otros, en razón que su gran mayoría son elaborados

---

[46] VAN OENEN, Gijs. "El Derecho y sus descontentos". En: *Prisma.* Montevideo, Universidad Católica del Uruguay, n° 12 (1999), p. 51.

[47] ÁVILA ORIVE, J.L., *Ciudadanía urbana* ..., p. 137-138.

[48] ÁVILA ORIVE, J.L., *Ciudadanía urbana* ..., p. 150.

por reuniones informales de autoridades municipales o especialistas. Así, tenemos:

* La Carta Mundial del Derecho a la Ciudad (2004-2005)[49].

* La Carta Europea de Salvaguarda de los Derechos Humanos en la Ciudad (Declaración de Saint Denis, 2000)[50].

* La Carta-Agenda Mundial de los Derechos Humanos en la Ciudad (Venecia, 2011)[51].

* Hábitat III[52].

El derecho a la ciudad, según estas cartas-documento, es planteado como uno de los desafíos de las nuevas tendencias del Derecho urbanístico global. No sólo debe aportar un fundamento autónomo para delimitar lo que significa el término "acceso", más allá de la tentación prestacional propio de erróneas vinculaciones con el modelo de procura existencial que alimentó el caso venezolano.

El concepto de "acceso" debe ser no sólo para los núcleos de derechos allí vislumbrados, sino también, para otros que seguramente surgirán en el proceso de tránsito de la sociedad urbana

---

[49] Foro Social de las Américas (Quito: 2004) - Foro Mundial Urbano (Barcelona: 2004) - Foro Social Mundial (Porto Alegre: 2005). *Carta Mundial del derecho a la ciudad* (2005). Versión final, Barcelona, septiembre de 2005.

[50] Comisión de Inclusión Social, democracia participativa y derechos humanos/Ciudades y Gobiernos Locales Unidos. https://www.uclg-cisdp.org/es/el-derecho-la-ciudad/carta-europea

[51] Adoptada por las Ciudades y Gobiernos Locales Unidos (CGLU), puede recuperarse en http://www.uclg-cisdp.org/es/el-derecho-la-ciudad/carta-mundial.

[52] ONU-HÁBITAT III. *Nueva Agenda Urbana*. Quito, octubre de 2016, p. 5.

postindustrial hacia la transindustrial, que supone desafíos ante la IA y otras manifestaciones de este tiempo. Además, su fuerza como derecho con impacto en el imaginario urbano, devendría de la capacidad de una buena administración pública, que en el nuevo lenguaje urbanístico, se traduciría en la llamada "buena Administración"[53], la cual, basaría sus ejecutorias en los cánones de la nueva gobernanza urbana[54].

2. *La nueva norma urbanística: fin de la monofuncionalidad por una plurifuncionalidad integral*

La segunda nueva tendencia se refleja en el cambio del concepto de la norma urbanística, más allá de la mera concepción de técnica legislativa, que como bien se ha determinado, difiere siempre del enunciado ortodoxo gramatical[55].

---

[53] RODRÍGUEZ-ARANA MUÑOZ, J. y FERNÁNDEZ CARBALLAL, A. *La buena administración del urbanismo ...*, p. 36-37.

[54] RODRÍGUEZ-ARANA MUÑOZ, J. y FERNÁNDEZ CARBALLAL, A. *La buena administración del urbanismo ...*, p. 100-106.

[55] Con relación a las manifestaciones de la norma urbanística, la misma difiere de la clásica concepción del enunciado gramatical organizado en un documento normativo. En la jurisprudencia urbanística venezolana, a mediados de los noventa, revistió la regla urbanística con características "heterodoxas", al señalar que "(...) *los planos de zonificación que pasan a formar parte de las Ordenanzas de Zonificación constituyen actos administrativos generales de efectos particulares, que afectan a los propietarios de los inmuebles comprendidos en los mismos (...) En este sentido, es la previsión en el plano anexo de Zonificación, la que determina el acto concreto de asignación de zonificación, siendo éste el que afecta de manera directa a los propietarios y el susceptible de ser impugnado en caso de cuestionamiento al propietario respecto de la zonificación por el asignada, no pudiendo aplicarse lo mismo ni atribuirse tal efecto las disposiciones generales y abstractas que conforman los artículos de las Ordenanzas de Zonificación (...)*" Sentencia de la Corte Primera de lo Contencioso-Administrativo, de fecha 29 de abril

Históricamente la regla urbanística ha respondido al concepto de monofuncionalidad, es decir, que las regulaciones siempre han estado tendientes a una sola de las hipótesis que pueden concebirse de las múltiples vinculaciones urbanísticas. La regla monofuncional *es todo precepto normativo aprobado con un singular e identificable objeto y teleología regulatoria para una sola de las vinculaciones urbanísticas.*

Las nuevas tendencias globales buscan no sólo superar la monolítica regla urbanística tradicional, sino que, encuentra un alivio en otorgarle carácter multifuncional que a su vez, se conjuga con una simplificación normativa. La queja global en nuestra materia estriba directamente en las innumerables -y asfixiantes- reglas pero que con el tiempo, se van desaplicando hasta el punto que buena parte de los planes normados terminan siendo inobservados de forma hasta grotesca, cual letra muerta.

La regla urbanística multifuncional amén de entenderse como un precepto con múltiples y a veces inidentificables objetos y teoleología de forma *apriori*, tiene la versatilidad de acoplarse en cualquier tiempo, modo y circunstancia; sin perder de vista su objeto esencial: *hacer del hábitat urbano un espacio de elevada calidad de vida.*

Entre las nuevas reglas plurifuncionales tenemos varias subcategorías, sobresaliendo:

---

de 1997 (Caso: *Nulidad de la Ordenanza de Zonificación del Sector El Rosal.* Magistrado-Ponente: María Amparo Grau). La sentencia puede consultarse en la *Revista de Derecho Público,* n° 69-70, 1997, p. 397-403. La citada decisión marcó un compás en las tendencias urbanísticas del momento, al asignarle a los planos, gráficos y tablas anexas a las Ordenanzas de Zonificación, el carácter de reglas de prevalencia frente al texto del articulado de dichos instrumentos normativos.

1.1. *Reglas de normación incompleta y de posterior complementariedad*

Este primer subgrupo aglutina aquellas reglas plurifuncionales cuyo objeto será establecer unas líneas troncales de regulación, pero, que ante la complejidad urbana, será posteriormente desarrollada en la medida que la dinámica de la ciudad lo exija. La técnica para la aplicación de estas reglas puede agruparse en un abanico que corre desde la delegación expresa del legislador en los poderes ejecutivos, hasta la concreción de normas de múltiple temporalidad, es decir, reglamentaciones que pueden interpretarse en diferentes momentos dentro de un sistema jurídico-urbanístico.

Por ejemplo, puede concebirse un dispositivo que sea capaz de interpretarse de múltiples resultados, antes de un nuevo PDUL, durante la transición de éste al nuevo, y una vez aquél ha entrado en plena vigencia.

1.2. *Directrices estándar*

Son instrucciones específicas para la Administración urbanística, en los casos donde se presente lo que se conoce como "situaciones especiales o atípicas", no reguladas en ningún plan. Es la autorización del legislador para que la autoridad urbanística pueda echar mano a las reglas de ponderación, éstas últimas, otorgadas más hacia los legisladores y jueces en situaciones especiales[56].

---

[56] Sobre el particular, Para más detalles del proceso de ponderación, véase Véase SAPAQ, MARIANO. "El principio de proporcionalidad y razonabilidad como límite constitucional de poder al Estado: un estudio comparado". En: *Dikaion: Lo Justo. Revista de actualidad jurídica.* Bogotá, Universidad de la Sabana, Facultad de Derecho, n° 17, 2008, pp. 157-198. DÍAZ PERILLA, VIVIANA. "Calidad de la Ley. Técnica Le-

1.3. *Reglas de indicación flexible*

En las cuales el artículo se redacta de forma incompleta para que, por vía delegada, (reglamento o normativa especial), la propia Administración urbanística pueda hacerle frente a situaciones especiales que puedan ocurrir dentro de la trama urbana, muchas veces, presentadas como interferencia de la propia Administración urbanística nacional. Caso ejemplarizante, han sido los artículos 14 y 15 de la ORDENANZA DEL PLAN DE DESARROLLO URBANO LOCAL DE LA CIUDAD DE CABUDARE[57].

---

gislativa y Eficiencia Administrativa". En: *Revista Prolegómenos – Derechos y Valores*. Bogotá, Universidad Militar Nueva Granada, Vol. XIV, n° 27, 2011 (Enero-Junio), pp. 147-163. GARCÍA-ESCUDERO MÁRQUEZ, PIEDAD. *Técnica legislativa y seguridad jurídica*. Pamplona, Aranzadi, 2010. RODRÍGUEZ DE SANTIAGO, JOSÉ MARÍA. *La ponderación de bienes e intereses en el derecho administrativo*. Madrid, Marcial Pons, 2000, 177 pp.

[57] En efecto, la Ordenanza del PDUL de Cabudare, Municipio Palavecino del estado Lara en Venezuela, publicada en Gaceta Municipal, número 978 de fecha 14 de marzo de 2014, contempló, a los fines de evitar las odiosas intervenciones nacionales sobre la planificación urbana local los siguientes artículos con respecto a las llamadas Áreas Vitales de Vivienda (AVIVIR). "**Artículo 14**: Cuando el Ejecutivo Nacional, una vez cumplidos los procedimientos de Ley, decreto dentro del área urbana del Municipio Palavecino, establecida en el Artículo 9 de esta Ordenanza, la creación de Áreas Vitales de Viviendas y Residencias (AVIVIR), las variables urbanas fundamentales aplicables al ámbito territorial de las mencionadas áreas, mantendrá su vigencia. **Artículo 15**: En los casos donde el Ejecutivo Nacional reglamente o disponga de Variables Urbanas Fundamentales en la creación de Áreas Vitales de Vivienda y de Residencias (AVIVIR), que contradigan lo establecido en el Plan de Desarrollo Urbano Local; y en los Esquemas de Ordenamiento Sumario de las áreas periurbanas, el Concejo Municipal, mediante acuerdo motivado aprobado por las dos terceras (2/3) partes de sus integrantes deberá pronunciarse al respecto, previa solicitud realizada al Alcalde o Alcaldesa, de un informe sobre la viabilidad o no de

1.4. *Reglas de estímulo*

Preceptiva destinada hacia la maximización del aprovechamiento urbanístico del suelo, en tanto y en cuanto, los actores urbanos decidan incrementar la incidencia de los mecanismos específicos de desarrollo, contentivo en los planes. Por ejemplo, cuando un Plan de Ordenamiento Urbano (POU) es elaborado bajo cánones escrupulosamente protectorio del ambiente, una regla de estímulo será ubicada de forma transversal en todo el corpus normativo para que una vez activada, sea una directriz permanente.

---

lo solicitado a los fines de revisar el presente Plan de Desarrollo Urbano Local.

Parágrafo Primero: Su la propuesta implica un cambio de zonificación, se deberán hacer los estudios técnicos pertinentes y la constancia de la consulta realizada a los correspondientes Consejos comunales legal y válidamente constituidos dentro del ámbito geográfico de la propuesta y lo establecido en la legislación urbana vigente.

Parágrafo Segundo: Los estudios señalados en el Parágrafo anterior, deben de estar enmarcado dentro de los siguientes aspectos: si son suficientes los servicios públicos, tales como vialidad, cloacas, acueducto, electricidad y las áreas de servicios educacionales, deportivos y de recreación.

Parágrafo Tercero: Los organismos nacionales o regionales que tengan a su cargo la prestación de servicios señalados en el Parágrafo Segundo de este artículo, deberán certificar si los estudios realizados, así como sus propuestas, son suficientes para atender las necesidades de la población existente más los nuevos desarrollos.

Parágrafo Cuarto: El Concejo Municipal aprobará el cambio de zonificación, siempre y cuando, en los casos que se requiera aumentar los servicios públicos para satisfacer la demanda de la población existente como a la nueva población, se encuentren garantizados los recursos y apartados presupuestarios para la construcción de dichas obras por parte del ente ejecutante de la obra, sea ente nacional, regional o cualquier otro. (…)".

1.5. *Directrices de eje*

Como su nombre indica, son matrices normativas diseñadas para resolver problemas de control urbano, más que de planificación o de disciplina urbanística. En casi toda la experiencia urbanística, la puesta en práctica de planes muchas veces encuentra grandes tropiezos no por la falta de claridad normativa de sus contenidos, sino, porque no encuentra un eje para que las Administraciones urbanísticas puedan sacarle el mayor de los provechos.

3. *El soft-law en el Derecho administrativo y el Derecho urbanístico de construcción común*

La tercera tendencia presente en esta nueva etapa del Derecho urbanístico global, reside en la experiencia anglosajona absorbida en nuestras latitudes mejor conocida como el *soft-law*[58]. Se entiende por éste como *aquellos instrumentos de carácter normativo (legal o sublegal) que no tienen poder vinculante, o bien de tenerlo, son más débiles que una norma tradicional. Son reglas fundamentadas más en la persuasión y consenso que en la presión o coercibilidad sobre la conducta de los sujetos.*

Sin entrar en la discusión del *soft-law* para el Derecho administrativo, de esta nueva tendencia queremos resaltar dos notas que formulamos a título de pregunta ¿Cuál segmento de la ordenación urbanística debe regularse vía *soft-law*? ¿Cuáles serán

---

[58] Véase SARMIENTO, D. *El Soft Law Administrativo. Un estudio de los efectos jurídicos de las normas no vinculantes de la Administración,* Ediciones Thomson-Civitas, Madrid, 2008. CAMPANELLI ESPÍDOLA, M.J. "El derecho administrativo tradicional en el Estado posmoderno. Globalización, buena administración y supranacionalidad (el caso OCDE-Colombia)", *Revista Digital de Derecho Administrativo,* n° 21, 2019, p. 201-219. GOROSITO ZULOAGA, R. "Los Principios en el Derecho Ambiental", *Revista de Derecho* n° 16, 2017, p. 101-136.

los efectos jurídicos "sui generis" de la regla urbanística bajo esta concepción?

Para responder a estos cuestionamientos revisemos el marco jurídico-urbanístico vigente en Venezuela donde ha querido introducirse un mixtificado "Derecho revolucionario anti burgués", cuyo único fin es destruir la esencia misma del Derecho moderno.

En primer lugar, la legislación venezolana, cierra cualquier posibilidad de una recepción integral del *soft-law*. El instrumento normativo rector de nuestro urbanismo, conocido como Ley Orgánica de Ordenación Urbanística (1987) (popularmente conocida como LOOU), a pesar de consagrar mecanismos para la consulta popular, es inflexible en la delegación de facultades normativas hacia los particulares.

En segundo lugar, la recién incorporada normatividad portátil del imaginario bolivariano y su control del Estado, si bien hace alusión al mal llamado "poder popular", termina por establecer mecanismos ficticios de delegación normativa. Ni siquiera la llamada *"Carta del Barrio"*[59], se le atribuye un contenido material para ser reglamentados por los Comités de Tierras Urbanas (CTU) o el Consejo Comunal[60], si no meras referencias

---

[59] La Carta del Barrio es un Plan de Ordenación Básico contemplado en el artículo 11 de la Ley Especial de Regularización Integral de la Tenencia de la Tierra de los Asentamientos Urbanos Populares (LERIT-TAUP), publicada en Gaceta Oficial de la República Bolivariana de Venezuela, n° 38.480 de fecha 17 de julio de 2006. Resaltamos que estas Cartas sólo serían aplicables en aquellas áreas populares dentro de las poligonales urbanas, que en el argot del antiguo Ministerio de Desarrollo Urbano (1977-2002) se les reglamentaba como Áreas de Desarrollo Urbano no controlado (Artículo 34, numeral 8 de la LOOU).

[60] El artículo 60 de la LERITTAUP determina que la Carta del Barrio posee 5 componentes: Historia local, identidad actual, espacios del asentamiento, propuestas de futuro o plan de transformación integral del asentamiento urbano popular y las normas y formas de convivencia.

formales o dispositivos para el buen comportamiento ciudadano[61].

Nosotros nos inclinamos en la hipótesis que una incorporación futura y progresiva del *soft-law* en materia urbanística pudiera ocurrir en las diferentes manifestaciones del derecho a la ciudad, es decir, el acceso a la capacidad para autonormar algunos aspectos propios de la vida urbana o su microzonificación, e inclusive, aquellos aspectos propios de la implantación de la IA a la gobernanza urbana.

Pero, muy a pesar de lo que pueda expresar voceros oficialistas venezolanos con la llamada legislación del "poder popular"[62], la misma ha demostrado la cada vez más feroz adhesión a las reglas del *hard-law*, donde, tras el disfraz de dicha abstracción operativa como en algún momento la calificamos[63], el Estado centralizado y centralizador asume el control mismo de la actividad ciudadana.

Lo ideal es precisar dentro del *soft-law* la capacidad real de los ciudadanos para vincularse en lo público, en aquello que es

---

[61]   Artículo 59 de la LERITTAUP "(...) El alcance de la Carta del Barrio corresponderá al ámbito local exclusivo de cada asentamiento urbano popular. Es un instrumento de gobernabilidad primaria en cada asentamiento urbano popular; representa el acuerdo social refrendado y aprobado entre los pobladores y las pobladoras en asamblea de ciudadanos y ciudadanas, que expresa la voluntad de vivir en comunidad y lograr el bienestar colectivo bajo un instrumento normativo (...)".

[62]   Véase, BREWER-CARÍAS, Allan R. et all. Leyes Orgánicas sobre el Poder Popular y el Estado Comunal (Los Consejos Comunales, la Sociedad Socialista y el Sistema Económico Comunal), Editorial Jurídica Venezolana, Caracas, 2011.

[63]   Véase URBINA MENDOZA, E.J. "La influencia de la voluntad popular sobre la interpretación constitucional judicial en Venezuela: ¿Abuso de los conceptos jurídicos indeterminados?, *Estudios de Deusto,* Vol. 58/2, 2010, p. 363-375.

quehacer propio de la ciudad y que termina por edificar el *concepto de gobernanza urbana*[64], donde un nuevo Derecho urbanístico reelabore el compendio normativo de las tres esferas más importantes en la regulación de la ciudad y su vinculación con el ciudadano: *el planeamiento, la gestión urbana y la disciplina urbanística*.

En este punto, debemos enfocarnos si es posible calificar a las reglas creadas por la IA puedan incorporarse como *soft-law*, aunque la experiencia del Derecho comparado no distingue entre una ley creada por algoritmos y las de legisladores humanos[65].

---

[64] RODRÍGUEZ-ARANA MUÑOZ, J. y FERNÁNDEZ CARBALLAL, A. *La buena administración del urbanismo ...*, p. 119-137.

[65] Sobre este aspecto, queremos resaltar tres experiencias que marcarán la construcción del Derecho urbanístico, más precisamente, de las normas urbanísticas. Primero, Moscú será el lugar piloto donde a través de nanocontrol, podrá revisarse a la población para el tema del Covid-19. Las formas para determinar la normativa, fue alimentada de la *big data* de opiniones de los propios ciudadanos rusos, que han manifestado sobre el Covid-19. Quien lleva adelante este programa, puesto en marcha el pasado 1° de julio de 2020, es YANDEX (la google rusa), con financiamiento de la banca rusa y fundamentada en la *Ley de Inteligencia Artificial* rusa aprobada en febrero de 2020. Para más detalles, véase SCHULZE, G. "Russlandsetz künstliche Intelligenzgegen Coronavirus ein. Die Coronakrise beschleunigt die Nutzung von künstlicher Intelligenz (KI) in Russland. Erste Anwendungenzur Bekämpfung der Pandiemiekommenauf den Markt": En: *German Trade & Invest,* Berlín, 29 de abril de 2020, Gesellschaft der BundesrepublikDeutschlandfür AußenwirtschaftundStandortmarketing.https://www.gtai.de/gtai-de/trade/ branchen/branchenbericht/russland/russland-setzt-kuenstliche-intelligenz-gegen-coronavirus-ein-241958 [Consulta: 15 de mayo de 2020]. La segunda experiencia es Nueva Zelanda, quien de forma expresa ha elaborado varios proyectos de ley relativas a la ordenación urbanística, a través de IA. Para más detalles, véase SERVICE INNOVATION LAB (LABPLUS). *Better rules for Government Report.*Wellington, marzo de 2018. El informe puede consultarse en la

Hasta este momento hemos querido exponer de forma sucinta las tres manifestaciones novísimas que se han venido incorporando gradualmente en las estructuras del Derecho urbanístico clásico. Un Derecho que se ha alimentado con las experiencias y racionalizaciones presentadas por las ciencias del urbanismo desde su implementación a carta cabal en las reformas de HAUSSMAN y que hoy, terminan desembocando en los documentos tributarios del Informe 2030 de ONU-Hábitat[66]. En la última reunión celebrada en la ciudad de KATOWICE (Polonia), el XI FORO URBANO MUNDIAL (WUF 11), se hizo énfasis en la irreversible realidad de la urbanización casi total de la población del planeta, por lo cual, los escenarios del futuro urbano sabrán dilucidarse en entender el grado de urbanización a la que hacemos frente[67].

---

página web del gobierno digital de Nueva Zelanda https://www.digital.govt.nz/dmsdocument/95-better-rules-for-government-discovery-report/html [Consulta: 19 de febrero de 2019].

[66] ONU-HÁBITAT III. *Nueva Agenda Urbana.* Quito, octubre de 2016.

[67] ONU-HÁBITAT. Envisaging the Future of Cities. World Cities Report 2022, Katowice, 2022, 389 pp.

CUARTA PARTE:

EL CONTROL DE LA CONVENCIONALI-DAD DEL DERECHO A LA CIUDAD: ¿NUEVO INSTRUMENTO DE PROTECCIÓN A LOS DERECHOS URBANÍSTICOS?

I. ¿ES POSIBLE EL CONTROL DE LA CONVENCIO-NALIDAD DEL DERECHO A LA CIUDAD EN VE-NEZUELA?

En la tercera parte del presente estudio abordamos las tres connotadas tendencias del Derecho urbanístico global y su casi difícil recepción en Venezuela. Este aprieto no puede ser óbice para iniciar el debate en una sociedad donde sus ciudades se encuentran heridas[68], casi al borde del colapso integral como de suyo ocurrió en los apagones generalizados en todo el país durante 2019 y buena parte de 2020.

Es más, urge a la comunidad académica y profesional venezolana en materia urbanística, avivar las discusiones de cara a

---

[68] Véase el reportaje de CAPARRÓS, M. "Caracas, la ciudad herida". En: *Diario El País semanal*. Madrid, edición de fecha 25 de enero de 2019. Edición en línea [En: https://elpais.com/elpais/2019/01/24/eps/15483 48915_281544.html]

una reforma y actualización radical de nuestra disciplina. No podemos seguir enfocándonos en las particularidades de la zonificación o si debemos vigilar la disciplina urbanística desde la óptica meramente represiva. Es capital poner en marcha los estudios para entender estos fenómenos y tendencias contemporáneas del Derecho urbanístico.

En Europa el problema queda resuelto por la mecánica articulada de su sistema normativo, tal y como explicamos en las líneas anteriores. Cada carta, documentos, tratado, convención o informe técnico elaborado por los órganos especializados de la Comunidad en materia urbanística o territorial, automáticamente, es aplicable en sus Derechos internos. Sin embargo, nuestro problema radica en la desactualización de la legislación venezolana, amén que los intentos para reformarla en la década pasada, terminaron siendo más atávicos que la LOOU y la LOOT, como fue el caso de la fallida puesta en vigencia de la *Ley Orgánica para la Planificación y Gestión del Territorio*, que explicamos ut supra.

Lo ideal sería someter a la LOOU bajo un proceso racional y ponderado de reforma de cara a los avances ocurridos en nuestra materia desde 1988 hasta nuestros días. Pero, conociendo el rango de interés y prioridades del legislador venezolano, dudamos que sea abordada como materia de "urgencia legislativa", pues, como siempre se increpó, en Venezuela el Derecho urbanístico inició su quehacer en 1946, pero no será sino hasta 1987 cuando pudo ser aprobada la primera ley regulatoria nacional, como fue la Ley Orgánica de Ordenación Urbanística[69].

Estas paradojas venezolanas nos arrincona hacia otras soluciones que introduzcan las nuevas tendencias del Derecho urbanístico a través del terreno fértil del Derecho Público nacional:

---

[69] Sobre los motivos que impulsaron la sanción y promulgación de la LOOU, véase el prólogo del Dr. Arnoldo José Galbaldón en la obra *Ordenación Urbanística,* de GARRIDO ROVIRA, J. (1988), p. 5-14.

la jurisdicción contencioso-administrativa. A pesar de su inter-dicción y desintegración por los mecanismos antidemocráticos del actual sistema político y sus gobernantes[70], existen instrumentos protectorios internacionales que bien o mal aplicados, ya han asumido carta de naturaleza en nuestro país.

Hacemos referencia a uno de ellos que facilitaría la concreción del derecho a la ciudad en sus justas dimensiones, como es el *control de la convencionalidad de los tratados e instrumentos internacionales sobre derechos fundamentales*[71].

El *derecho a la ciudad*, si lo calificáramos como un derecho fundamental en el sentido y contenido ontológico de esta categoría jurídico-dogmática, que como explicamos, debe pasar por un largo trecho para su concreción; sería una oportunidad estelar para su tutela a través del control de la convencionalidad. Sin embargo, para materializar tal anhelo que favorecería el impulso del Derecho urbanístico venezolano, es necesario detenernos sobre la operatividad de su aplicación, visto, que es un mecanismo con sus peculiaridades que, en los últimos años, como apunta el profesor Brewer-Carías, ha visto desplazarse hacia el ámbito del Derecho administrativo[72].

---

[70] Para más detalles véase BREWER-CARÍAS, Allan R. *Estado totalita-rio y desprecio de la ley. La desconstitucionalización, desjuridifica-ción, desjudicialización y desdemocratización de Venezuela.* Editorial Jurídica Venezolana, Caracas, 2014.

[71] Sobre los pormenores y funcionamiento del control de la convenciona-lidad en América Latina, véase BREWER-CARÍAS, A.R., JINESTA LOBO, E. HERNÁNDEZ-MENDIBLE, V. y SANTOFIMIO GAM-BOA, J.O. *Estudios sobre el control de convencionalidad.* Editorial Ju-rídica Venezolana, Caracas, 2015.

[72] BREWER-CARÍAS, Allan R. "Sobre el control de la Convencionali-dad ejercida por los tribunales nacionales y el Derecho Administrativo". En: *Hacia un derecho administrativo para retornar a la democracia. Liber Amicorum al profesor José Araujo Juárez,* CIDEP-Universidad Monte Ávila, Caracas, 2018, p. 312-313.

Y debemos recordar, que por muy autonomistas que algún sector de la doctrina nos presente al Derecho urbanístico, éste último es en esencia una forma de Derecho administrativo especializado.

1. *Antecedentes del control de la convencionalidad previo al siglo XXI*

Si bien el control de la convencionalidad aplica con especial firmeza desde el siglo XXI, debemos entender por el mismo como "*aquél que en el mundo contemporáneo ejercen los órganos jurisdiccionales competentes para juzgar la conformidad de los actos de los Estados miembros de una Convención o tratado internacional multilateral, respecto de lo establecida en la misma*"[73]. Como bien lo perfila BREWER, existen unas notas características que deben precisarse a los efectos de su traslación como mecanismo para proteger y materializar el derecho a la ciudad.

En Venezuela se introduce el control mucho antes de su relevancia construida y difundida por la Corte Interamericana de los Derechos Humanos. BREWER-CARÍAS señala unos casos previos en el acontecer jurisprudencial venezolano, que servirán de antecedentes, como fue el derecho al amparo constitucional y el fin de la concepción de las normas programáticas[74], que, durante la Constitución de 1961, fueron fuentes permanentes de polémicas doctrinales. Ya en vigencia la Constitución de 1999, el profesor Brewer hace alusión a dos sentencias de la Sala Constitu-

---

[73] BREWER-CARÍAS, Allan R. "Sobre el control de la Convencionalidad ejercida por los tribunales nacionales y el Derecho Administrativo". p. 295.

[74] BREWER-CARÍAS, Allan R. *Ibídem.*, p. 300.

cional del Tribunal Supremo de Justicia[75], las cuales, de forma "heterodoxa", nos posiciona de forma gatopardeana dentro del mecanismo pretoriano.

Más allá de las dimensiones procesales o de fondo del control de la convencionalidad, este procedimiento ya no se limita sólo a la protección de los derechos fundamentales contemplados en la CONVENCIÓN AMERICANA u otros tratados del sistema continental de defensa de derechos humanos. Su proyección ha quebrado los cauces clásicos, y por ende, es estimable su empleo para introducir jurisprudencialmente el derecho a la ciudad, aunque en el pasado, la Sala Constitucional haya hecho mención al mismo pero bajo concepciones estructurales sobre la misión y papel del urbanismo[76].

---

[75] Tribunal Supremo de Justicia/Sala Constitucional. Sentencias n° 87 de fecha 13-03-2000 (Caso: *Elecentro*) y n° 1547 de fecha 17-10-2011 (Caso: *Ejecución de sentencias de la CIDH*). Allan R. Brewer-Carías. *Ob. cit.,* pp. 307-308. Véase también BREWER-CARÍAS, Alla R. *Los Derechos humanos en Venezuela: casi 200 años de historia.* Biblioteca de la Academia de Ciencias Políticas y Sociales, Caracas, 1990.

[76] Tribunal Supremo de Justicia/Sala Constitucional. Sentencias n° 403 de fecha 24-02-2006 (Caso: *Municipio Baruta del estado Miranda*) y n° 1714 de fecha 14-12-2012 (Caso: *Defensoría del Pueblo*). En la sentencia 403, la Sala, en un ejercicio más ideológico que dogmático-urbanístico, nos indicó que "(...) Atendiendo a la finalidad del derecho urbanístico, es allí donde con mayor intensidad se puede reflejar la relación y mutación de los derechos individuales en intereses generales, ya que esta especialidad del derecho se encuentra íntimamente vinculada a la satisfacción y mejoramiento del bien social, en aras de regular cualquier conducta desproporcionada de la visión individualista del ser humano, ello con el objeto de evitar el desorden de una sociedad, así como la destrucción colectivista del medio ambiente, atendiendo a las consecuencias posteriores de la demolición o construcción de grandes urbes que aseguren la necesidad mínima de servicios e infraestructuras concebidas para mejorar o en algunos casos garantizar el estándar mínimo requerido para preservar la calidad de vida de los habitantes.

Visto que es jurídicamente plausible la extensión del control de la convencionalidad hacia el urbanismo, no desde el punto de vista ambiental, pues, esta materia a pesar de su estrecha vinculación con el Derecho urbanístico tiene un objeto autónomo e identificable; tendríamos que formular un esfuerzo por identificar cuáles serían los atributos propios del derecho a la ciudad. No sería entendible ni mucho menos razonable, que la aplicación de este derecho sea de forma abstracta o fusionada con otra categoría de derechos históricos como el derecho al desarrollo o de un ambiente urbano sano. Hacerlo significaría desconocer al mismísimo derecho a la ciudad y posicionarlo como un concepto supérfluo que le atribuyen algunos de ser derecho de derechos[77], como se explicó *ut supra*.

II. ¿CÓMO RECONOCER EL DERECHO A LA CIUDAD PARA SU PROTECCIÓN VÍA CONTROL DE LA CONVENCIONALIDAD?

Esta garantía a los derechos de los individuos, en la búsqueda del Estado de un bien común, en cuanto al sistema de ordenación urbanístico fue reflejado por LE CORBUSIER quien intuitivamente sostuvo en la CARTA DE ATENAS que: "(...) *el urbanismo está destinado a concebir las reglas necesarias que aseguren a los ciudadanos condiciones de vida que salvaguarden tanto su salud física como su salud moral y la alegría de vivir que de ellas se desprende*". (*Vid.* LE CORBUSIER, *La Charte de Athenes,* Ediciones de Minuit, 1957) (...)" (Cursivas de la Sala). En la n° 1714, se limita exclusivamente al tema de la confrontación de derechos y a las condicionantes relativas al derecho a la vivienda donde "(...) el derecho a un entorno urbano adecuado y sustentable, cuya obligación se corresponde en principio, con las competencias que ejerce la Administración Pública, sino con igual rigor en la necesidad de contar con un marco normativo y jurisprudencial que permita las condiciones necesarias para el correcto aprovechamiento de los bienes inmuebles (Cfr. Sentencia de esta Sala n° 881/12). (...)"

[77] ÁVILA ORIVE, J.L. *Ciudadanía urbana,* ...., p. 137-138.

En Venezuela más allá de su no protección, en razón que se ha reconocido por la legislación de forma errónea como un derecho prestacional, significaría acomodarnos a las concepciones clásicas sobre derechos prestacionales y su obligatoriedad de efectiva tutela[78]. ¿Pero qué ocurriría en los núcleos más duros del derecho a la ciudad no explotados ni explorados hasta ahora? ¿Cómo pudiéramos precisar algunas de sus manifestaciones contemporáneas?

Para responder a las interrogantes, sólo tenemos como referencia más allá de las elucidaciones doctrinales o jurisprudenciales europeas, la cada vez más *creciente actividad multilateral de las ciudades como espacios vivos*, y no de los Estados. Hacemos referencia a las denominadas Cartas globales sobre los "derechos a la ciudad" y "en la ciudad", que ha traído algunas consecuencias de orden práctico para la dogmática jurídica[79].

Estas Cartas como indica el catedrático ÁVILA ORIVE[80], su factor común es la ciudad, es decir, su elaboración no ha sido producto de la actividad jurídica de los Estados, sino, de los actores propios del Derecho urbanístico: *las administraciones locales, las ONG especializadas, los órganos internacionales sobre gestión del urbanismo y grupos de presión*. Fuera de las Cartas Europeas de la Ciudad I y II (1992 y 2008), tenemos, con especial relevancia:

* *La Carta Mundial por el derecho a la ciudad* (2005). Ya explicitamos ut supra algunos pormenores de esta carta, así como, pudimos constatar que la mayoría de los derechos consagrados son manifestación de otros derechos humanos política y jurídicamente consolidados.

---

[78] Véase Tribunal Supremo de Justicia/Sala Constitucional. Sentencia n° 85 de fecha 24-01-2002 (Caso: *Asodiviprilara*).

[79] ÁVILA ORIVE, J.L. *Ibídem,* p. 136.

[80] ÁVILA ORIVE, J.L. *Ibídem,* p. 160.

* *La Carta Europea de Salvaguarda de los derechos humanos en la ciudad* (2000). Suscrita en la ciudad de Saint Denis en fecha 14-05-2000, donde la adhesión funcionó por ciudades[81], este instrumento contempla una serie de derechos estructurados en XXVIII artículos, casi todos, ya identificados en la CARTA MUNDIAL. Sin embargo, resaltamos en su preámbulo lo que concibe como una "ciudadanía de la ciudad". Veamos algunos detalles:

"(...) La ciudad es hoy el espacio de todos los encuentros y, por lo tanto, de todas las posibilidades. Asimismo, es el terreno de todas las contradicciones y de todos los peligros: en el espacio urbano de fronteras inciertas aparecen todas las discriminaciones ancladas en el paro, la pobreza, el desprecio de las diferencias culturales, mientras que, al mismo tiempo, se esbozan y se multiplican prácticas cívicas y sociales de solidaridad.

La vida en la ciudad impone hoy en día la obligación de precisar mejor ciertos derechos porque vivimos en ella, buscamos trabajo, nos desplazamos. Nos impone también el reconocimiento de nuevos derechos: el respeto por el medio ambiente, la garantía de una alimentación sana, de la tranquilidad, de las posibilidades de intercambio y de ocio, etc.

Por último, frente a la crisis que azota la democracia delegada en el ámbito de los Estados nacionales y frente a la inquietud que suscitan las burocracias europeas, la ciudad surge como el recurso de un nuevo espacio político y social.

Aquí es donde se abren las condiciones para una democracia de proximidad. Se presenta la ocasión para que todos los ciudadanos y ciudadanas participen en la ciudadanía: una ciudadanía de la ciudad. Si cada derecho definido pertenece

---

[81] Comisión de Inclusión Social, democracia participativa y derechos humanos/Ciudades y Gobiernos Locales Unidos. https://www.uclg-cisdp. org/es/el-derecho-la-ciudad/carta-europea

a cada uno, cada ciudadano, libre y solidario, debe garantizarlo también a los demás. (...)"

Esta forma peculiar de ciudadanía le concede derechos más elaborados que aquellos definidos a lo largo de la historia occidental, y quizá, siendo el primero, el *derecho a una ciudad*.

* *La Carta-Agenda Mundial de los derechos humanos en la ciudad* (2011). Como explicamos, este documento fue adoptado por las Ciudades y Gobiernos Locales Unidos (CGLU)[82] como una forma más acabada que la Carta Mundial. El compendio internacional incorpora no sólo una gama de derechos fundamentales clásicos, sino la enumeración de Valores y Principios urbanos. En cuando al derecho a la ciudad lo desglosa de la siguiente manera:

"(...) I. DERECHO A LA CIUDAD

1. a) Todas las personas que habitan en la ciudad tienen derecho a una ciudad constituida como una comunidad política municipal que asegure condiciones adecuadas de vida a todos y todas y que procure la convivencia entre todos sus habitantes y entre estos y la autoridad municipal.

b) Todos los hombres y las mujeres se benefician de todos los derechos contemplados en esta Carta-Agenda y son actores plenos de la vida de la ciudad.

c) Todas las personas que habitan en la ciudad tienen derecho a participar en la articulación del espacio público, incluyendo la participación en la gestión y uso de esos espacios, fundamento de la convivencia en la ciudad.

d) Todas las personas que habitan en la ciudad tienen derecho a disponer de espacios y recursos para la práctica de una

---

[82] *Carta-Agenda Mundial de los derechos humanos en la ciudad.* Puede recuperarse en http://www.uclg-cisdp.org/es/el-derecho-la-ciudad/ carta-mundial.

ciudadanía activa y a que los espacios de convivencia y trabajo sean respetuosos con los valores de los demás y con el
valor del pluralismo. (...)"

Adicional al citado derecho, se explicitan los derechos a la
democracia participativa urbana[83]; a la paz cívica y la seguridad
en la ciudad[84]; a los servicios públicos que bautiza como de "proximidad"[85]; a la vivienda y al domicilio[86]; al desarrollo urbano
sostenible formulado en diferentes tiempos con miras al futuro[87];

---

[83] *II. Derecho a la democracia participativa.* Resaltamos lo planteado en
el párrafo número 2 que establece: (...) La ciudad promueve la participación de calidad de sus habitantes en los asuntos locales, le asegura el
acceso a la información pública y reconoce la capacidad de estos de
influir en las decisiones municipales. Favorece en particular la participación de las mujeres para el pleno ejercicio de sus derechos. Promueve
también la participación de grupos minoritarios. Promueve la participación de los niños y niñas en los asuntos que les conciernen directamente. (...)".

[84] *III. Derecho a la paz cívica y a la seguridad en la ciudad.* Resaltando:
"(...) La ciudad asume su papel en la gestión de las tensiones sociales,
con el fin de evitar que las fricciones entre los distintos colectivos que
habitan la ciudad deriven en conflicto real. A tal efecto, potencia la
convivencia, la mediación social y el diálogo entre ellos (...)".

[85] *VI. Derecho a servicios públicos básicos de proximidad.* El documento
deja a un lado la terminología de "servicios domiciliarios", para entender por proximidad aquellos servicios sociales básicos en condiciones
técnicamente óptimas y económicamente asequibles.

[86] *X. Derecho a la vivienda y al domicilio.* Resaltamos "(...) *La ciudad
combate la marginación y la segregación espacial a través de intervenciones fundadas en la inclusión y en la diversidad social* (...)".

[87] *XII. Derecho al desarrollo urbano sostenible.* Resaltamos el compro-
miso ciudadano con el ambiente y el entorno "(...) 3. En el ejercicio de
su responsabilidad, los habitantes de la ciudad actúan de manera com-
patible con el respeto a la preservación del medio ambiente, el ahorro
energético y el buen uso de los equipamientos públicos, incluyendo el
transporte público. Participan asimismo en los esfuerzos colectivos de

y, la capacidad de tener vigencia efectiva en las ciudades que adopte la carta para transformarse en *Carta-Local*[88].

La novedad que trae la carta no es sólo la atribución de derechos, sino también, de *deberes ciudadanos* para la puesta en vigencia efectiva del documento. Así, el derecho a la ciudad abre un nuevo compás donde no sólo la exigencia (derecho subjetivo) hace gala. También, impulsa a las autoridades locales y a otros ciudadanos la capacidad de obligar al ciudadano para que no sólo cumpla, sino que se involucre directamente como deber fundamental. En este último punto queremos detenernos por una situación urbanística emblemática en Venezuela.

Hacemos referencia a la destrucción de los instrumentos de planificación urbana de la ciudad de Barquisimeto, Municipio Iribarren del estado Lara. En efecto, todo comienza con la propia *Ordenanza del Plan de Desarrollo Urbano Local (PDUL)* de la citada ciudad. Al momento de publicarse en Gaceta Municipal de Iribarren[89], se incluyó el presente artículo:

"(...) Artículo 150°.

Las sanciones de tipo pecuniario, o de cualquier otra índole que se deriven del incumplimiento o violación de las disposiciones legales o de las Variables Urbanas Fundamentales establecidas en esta ordenanza, se encuentran contenidas en la Ordenanza sobre Procedimientos de Construcción del Municipio Iribarren.

---

su comunidad en favor de un urbanismo de calidad y un desarrollo sostenible, en beneficio de las generaciones actuales y futuras (...)".

[88] Disposición final (Adopción y entrada en vigor de la Carta-Agenda en cada ciudad).

[89] Publicada en Gaceta Municipal del Municipio Iribarren del estado Lara, extraordinaria, n° 1.803 de fecha 25-08-2003.

Esta *ordenanza estará vigente hasta el año 2016* y sus efectos legales se aplicarán luego de su publicación en Gaceta Municipal (...)" (Cursivas nuestras)

Pese a las advertencias públicas y notorias que se formularían entre junio de 2014 y diciembre de 2016 por múltiples sectores sociales, gremiales y productivos al Concejo Municipal de Iribarren, llegamos al año 2017 y la ordenanza no recibió ni la supresión del artículo ni mucho menos su modificación.

En pocas palabras, la mayoría edilicia del bloque oficialista decidió la peor de las sentencias: ¡No hacer nada!. Esto dejaría a Barquisimeto a la deriva, sin regulaciones urbanísticas centrales, lo que motivó a la interposición ante la Sala Constitucional del TSJ de una acción por omisión legislativa, primeramente, por el abogado Alexis Viera Brandt[90], y posteriormente por el síndico-procurador del Municipio y el Consultor Jurídico de la Alcaldía en funciones para 2017[91].

A pesar de que mediante sentencia cautelar se le otorgó a la Ordenanza del PDUL efectos de aplicación ultra activa, "con el fin de resguardar el normal funcionamiento del Municipio", no termina por concretar la obligatoria elaboración de un nuevo PDUL. Esto se debe fundamentalmente a un problema que trae consigo la LOOU, pues, no contempla la obligatoriedad de elaborar un PDUL. Sólo se contenta con regular el proceso de consultas públicas y audiencias técnicas[92], una vez introducido el proyecto de Ordenanza ante el Concejo Municipal; pero, nada dice sobre la obligatoriedad del ejecutivo municipal en presentar

---

[90] Tribunal Supremo de Justicia/Sala Constitucional. Sentencia n° 1.080 de fecha 13-12-2016 (Caso: *Alexis Viera Brandt vs. Concejo Municipal de Iribarren*).

[91] Tribunal Supremo de Justicia/Sala Constitucional. Sentencia n° 928 de fecha 17-12-2018 (Caso: *Jesús Pérez y José Emilio Giménez vs. Concejo Municipal de Iribarren*).

[92] Artículos 38 y 39 de la Ley Orgánica de Ordenación Urbanística.

un PDUL, quedando, así como una facultad lamentablemente "optativa"[93].

Con el control de la convencionalidad pudiera cerrarse esta lamentable omisión que arrastramos desde 1987, al solicitarse por vía jurisdiccional que el Municipio adopte en un plazo perentorio la elaboración de un PDUL, derivado del *derecho a la ciudad*. Es más, somos de la tesis que invocándose las Cartas sobre derechos estudiadas ut supra, sería suficiente sustento para un recurso de semejante calibre.

El derecho a la participación de los asuntos públicos de la ciudad, aunado al derecho de desarrollo urbano sustentable, facilitaría el camino para un mandamiento judicial donde se establecerían plazos y otros condicionantes para que el Municipio donde no exista un PDUL, deba abocarse a su confección, debate, estudio, consulta, revisión y aprobación definitiva.

Lo ideal sería interponer el recurso de control de la convencionalidad ante el tribunal contencioso-administrativo de la entidad federal donde se encuentre el Municipio sin instrumento de planificación, en razón que están facultados para dicho control difuso, todos los tribunales nacionales[94]. Sin embargo, una reciente interpretación del Tribunal Supremo de Justicia[95], determinó que sólo la Sala Constitucional de ese órgano judicial

---

[93] Artículos 41 y 42 de la Ley Orgánica de Ordenación Urbanística.

[94] BREWER-CARÍAS, Allan R. *Sobre el control de la Convencionalidad ejercida por los tribunales nacionales y el Derecho Administrativo*, p. 308.

[95] Tribunal Supremo de Justicia/Sala de Casación Civil. Sentencia n° RC 201 de fecha 04-06-2019 (Caso: *Diosdado Cabello Rondón vs. Inversiones Watermelon, C.A.*). Sobre el particular de la sentencia, véase los cometarios de BREWER-CARÍAS, Allan R. *La desaparición del control difuso de convencionalidad en Venezuela, como precio vil para justificar una condena por daños morales contra el portal La Patilla.com*. Nueva York, 11 de junio de 2019, 10 pp. en http://www.allanbrewer-carias.com

es quien tiene la competencia para conocer de la convencionalidad.

III. LAS CARTAS GLOBALES DE LOS DERECHOS A LA CIUDAD Y SU CONTROL CONVENCIONAL. ¿PUEDEN LAS CARTAS GLOBALES CONSIDERARSE TRATADOS SOBRE DERECHOS FUNDAMENTALES?

Hemos podido analizar el derecho fundamental que se alegaría para su protección a través del control de la convencionalidad. Pudimos estudiar que sí es posible ejercerlo, en razón de la expansión de este mecanismo de control hacia otros ámbitos, más allá de la esfera de la *Convención Americana de los Derechos Humanos*. Nuestro problema ahora estriba en si podemos otorgarle a las cartas globales de los derecho a la ciudad, el mismo valor y jerarquía de los tratados internacionales de conformidad con lo previsto en la *Convención de Viena* sobre el Derecho internacional público de los tratados y convenciones.

Ya hemos observados que las Cartas son manifestaciones de las ciudades, muchas veces, de la reunión de autoridades locales que se congregan en determinado tiempo para debatir problemas urbanos. Casi todas las cartas son el resultado de varios años de trabajo y preparación del asunto, donde, casi es nula la intervención de los Estados. Así, entra la duda sobre su categorización como documento internacional multilateral que sirve de sustento para ser aplicado vía control de convencionalidad.

Sabiendo de antemano que el tema del desarrollo urbano y la ciudad tiene amplios antecedentes en las agendas globales, más allá de la temática ambiental que tiene su propias características y naturaleza, pues, puede tutelarse el ambiente independientemente de la existencia o no de ciudades; la articulación de órganos del Sistema de Naciones Unidas hace viable entender que las Cartas forman parte del entramado normativo global de derechos fundamentales.

Luego de la creación de ONU-HÁBITAT (1977) y su ratificación por la Asamblea General de las Naciones Unidas (2002)[96], los documentos conexos a los informes generales aprobados en su seno, asumen el carácter de instrumentos de protección de derechos fundamentales de carácter global. Por tanto, plenamente validados para ser esgrimidos en un proceso de control de la convencionalidad en Venezuela.

Lo sensible en este punto, lo encontraremos en la capacidad hermenéutica de quien funja como actor en estos procesos, es decir, su ilación con respecto al sistema de fuentes internas del Derecho, así como, la no inclusión en los instrumentos normativos del Derecho venezolano de manifestaciones propias del derecho a la ciudad, tal y como lo estudiamos en las páginas precedentes.

Sabemos que algunas cartas globales surgen de las iniciativas locales, de las ciudades. Su capacidad para reglamentar este vasto espacio en que se ha convertido el derecho a la ciudad dependerá de los equipos técnicos y la madurez ciudadana que soporte estos redaños que marcarán el compás y fortaleza del Derecho urbanístico en los próximos lustros.

---

[96] Asamblea General de las Naciones Unidas. *Resolución A/RES/56/206* de fecha 26-02-2002, mediante el cual se otorga Fortalecimiento del mandato y la condición de la Comisión de Asentamientos Humanos y de la condición, el papel y las funciones del Centro de las Naciones Unidas para los Asentamientos Humanos (Hábitat).

CONCLUSIONES:

¿PODREMOS MATERIALIZAR EL DERECHO A LA CIUDAD EN HÁBITAT III?

Vista a grades trazos las nuevas tendencias del Derecho urbanístico y sus desafíos en el contexto del pensamiento cuántico/fractal, queremos detenernos en un documento que marcará el antes y después de las ciudades en el siglo XXI, acelerada por el contexto del Covid-19. Hacemos referencia a *Hábitat III, la nueva agenda urbana (NAU)*[97].

Es el documento final resultante de la reunión del Programa ONU-Hábitat en la ciudad de Quito, en 2016, el cual está divido en tres partes e integrado por 175 párrafos. Esta metodología para su presentación responde claramente al concepto de Agenda, y no un mero informe como los anteriores. Además, a raíz del énfasis en que las sociedades globales buscan poner en práctica soluciones consensuadas en el sistema internacional de las Naciones Unidas, las viejas proclamas y documentos descriptivos han ido pasando a un segundo plano por otros de claro acento programático y operativo.

---

[97] Puede accederse al documento en https://onuhabitat.org.mx/index.php /la-nueva-agenda-urbana-en-espanol.

La NAU propone el futuro horizonte temporal del año 2030 para que nuestras ciudades cumplan las 169 metas estratégicas de los 17 objetivos propuestos del desarrollo sustentable en 2015[98], los cuales, quiérase o no, están dirigidos para una sociedad global eminentemente urbana. Es más, Hábitat III reconoce expresamente el término de derecho a la ciudad, vinculándolo a la interpretación que lo asocia como acceso a los beneficios urbanos. Esto nos arroja algunos indicadores para el quehacer del Derecho urbanístico, y así, se encargue de su formulación más aterrizada y exigible jurisdiccionalmente:

"(...) 11. Compartimos el ideal de una ciudad para todos, refiriéndonos a la *igualdad en el uso y el disfrute de las ciudades y los asentamientos humanos y buscando promover la inclusividad y garantizar que todos los habitantes*, tanto de las generaciones presentes como futuras, sin discriminación de ningún tipo, puedan *crear ciudades y asentamientos humanos justos, seguros, sanos, accesibles, asequibles, resilientes y sostenibles y habitar en ellos, a fin de promover la prosperidad y la calidad de vida para todos*. Hacemos notar los esfuerzos de algunos gobiernos nacionales y locales para consagrar este ideal, conocido como "el derecho a la ciudad", en sus leyes, declaraciones políticas y cartas. (...)"[99] (Cursivas nuestras)

Esto nos obliga a entender que el derecho a la ciudad debe partir por un núcleo duro, ontológicamente diferenciable de otros derechos fundamentales, pero, que bajo ninguna circunstancia sea un portaviones de otros derechos. Ese eje pudiera estar centrado en el verbo "acceder" para disfrutar de las ciudades, cuyos agregados identificatorios serían: a) La inclusión, b) la garantía de acceso, c) transversalidad y transgeneracionalidad.

---

[98]   Véase https://www.un.org/sustainabledevelopment/es/objetivos-de-desarrollo-sostenible/

[99]   ONU-HÁBITAT III. *Nueva Agenda Urbana.* Quito, octubre de 2016, p. 5.

En cuanto a su revestimiento, ese disfrute debe ser "en la ciudad", caracterizada por ser justa, segura, sana, accesible, asequible, resiliente y sostenible.

El Informe trae consigo aspectos que en un primer término no eran relevante. A partir de marzo de 2020, el COVID-19 nos obligó a releerlo, a reposicionar las priorizaciones que acelerarán o quizá abra el compás o bien para la tercera etapa del Derecho urbanístico, o bien, para construir una nueva donde todavía no tenemos ni siquiera el más leve indicador de su horizonte.

REFERENCIAS BIBLIOGRÁFICAS

ALCARAZ VARÓ, ENRIQUE; HUGHES, BRIAN y GÓMEZ, ADE-LINA. *El español jurídico,* Ariel Editorial, Barcelona, 2014.

ALOMAR, GABRIEL. *Teoría de la ciudad.* Instituto de Estudios de Administración Local, Madrid, 1980.

ASCHER FRANÇOIS. *Les nouveaux principes de l'urbanisme. La fin des villes n'est pas à l'ordre du jour.* Éditions de l'Aube, París, 2004.

ÁVILA ORIVE, JOSÉ LUIS. *Ciudadanía urbana, desarrollo sostenible y derecho a la ciudad.* Tirant Lo Blanch, Valencia, 2018.

BECK, URLICH. *La sociedad del riesgo global,* Siglo XXI Editores, Madrid, 2002.

BORJA I SEBASTIÀ, JORDI. *Los derechos en la globalización y el derecho a la ciudad.* Fundación Alternativas, Madrid, 2004.

BOUAZZA ARIÑO, OMAR. *La protección de la función ambiental del derecho de propiedad en la reciente jurisprudencia del Tribunal Europeo de Derechos Humanos.* En: *El derecho a la ciudad y el territorio. Estudios en homenaje a Manuel Ballbé Prunés* (Judith Gifreu i Font <Dir>). Madrid, 2016.

BREWER-CARÍAS, ALLAN R. "El Curioso e Insólito Caso de la Ley Orgánica para la Planificación y Gestión de la Ordenación del Territorio, Sancionada en Septiembre de 2005 y Derogada en Febrero 2007 sin haber entrado en Vigencia", *Revista de Derecho Público*, n° 109, 2007.

_____. *Urbanismo y propiedad privada,* Editorial Jurídica Venezolana, Caracas, 1980.

BREWER-CARÍAS, ALLAN R. ET. ALL. *Leyes Orgánicas sobre el Poder Popular y el Estado Comunal (Los Consejos Comunales, la Sociedad Socialista y el Sistema Económico Comunal).* Editorial Jurídica Venezolana, Caracas, 2011.

CAMPANELLI ESPÍNDOLA, MARÍA JOSÉ. "El derecho administrativo tradicional en el Estado posmoderno. Globalización, buena administración y supranacionalidad (el caso OCDE-Colombia). En: *Revista Digital de Derecho Administrativo*, n° 21, 2019.

CARCELLER FERNÁNDEZ, ANTONIO. *Derecho urbanístico sancionador.* Atelier, Barcelona, 2004.

CASADO, MARÍA y LÓPEZ BARONI, JESÚS MANUEL. "Nanotecnología e inseguridad jurídica: análisis de los criterios sostenidos por la Unión Europea a la luz del principio de precaución", *Revista de Derecho y Genoma Humano: genética, biotecnología y medicina avanzada,* n° 49, 2018.

CHÁVEZ VALDIVIA, ANA KARÍN. "Hacia el quebrantamiento del paradigma jurídico: la robótica y la inteligencia artificial", *Derecho y Tecnología,* n° 19, 2018, Universidad Católica del Táchira, San Cristóbal-Venezuela.

CIUDADES Y GOBIERNOS LOCALES UNIDOS (CGLU), Florencia, 11 de diciembre de 2011. Puede recuperarse en http://www.uclg-cisdp.org/es/el-derecho-la-ciudad/carta-mundial.

COALICIÓN INTERNACIONAL DEL HÁBITAT Y VIVIENDA. *La Coalición Internacional del Hábitat y las Conferencias Hábitats 1976-2016.* Octubre de 2018 https://www.hic-gs.org/document.php?pid=2563

COMISIÓN EUROPEA. *Libro Blanco.* Sobre la inteligencia artificial - Un enfoque europeo orientado a la excelencia y la confianza, 19 de febrero de 2020, COM (2020) 65/final.

_____. Informe de la Comisión al Consejo sobre la Agenda Urbana para la UE. Bruselas, 20 de noviembre de 2017, COM (2017) 657 final.

COMISIÓN DE INCLUSIÓN SOCIAL, DEMOCRACIA PARTICIPATIVA Y DERECHOS HUMANOS/CIUDADES Y GOBIERNOS LOCALES UNIDOS. https://www.uclg-cisdp.org/es/el-derecho-la-ciudad/carta-europea.

CONFERENCIA PERMANENTE DE PODERES LOCALES Y REGIONALES DE EUROPA. Carta Urbana Europea. Estrasburgo, 18 de marzo de 1992, Resolución n° 234.

CUERDA MONTOYA, JOSÉ ÁNGEL. La Europa de las ciudades y el derecho a la ciudad. En: *Debates para una nueva Europa. Reflexiones ciudadanas para el cambio.* (José María González Zorrilla, Coord.), Madrid, 2014.

CHABROT, CHRISTOPHE. "Le Charte européenne des droits de l'homme dans la ville. Un example d'acte <prejuridique>". En: Revue du droit public et de la science politique en France et à l'etranger, n° 2, 2007.

DESCARTES, RENE. Oeuvres et lettres. París, 1949.

DES CARS, JEAN y PINON, PIERRE. Paris-Haussmann - "La pari d'Haussmann", Éditions du pavillon de l'Arsenal et Picard, París, 1991.

DIRECCIÓN GENERAL DE PLANIFICACIÓN Y REGULACIÓN DE OBRAS PÚBLICAS Y DESARROLLO URBANO DEL MINISTERIO DE INFRAESTRUCTURA (MINFRA), Guía Metodológica para la elaboración del Plan de Desarrollo Urbano Local (PDUL). Caracas, diciembre 2003.

FERNÁNDEZ AGIS, DOMINGO. "Humanismo, posthumanismo e identidad humana", *Ius et Scientia: Revista electrónica de Derecho y Ciencia,* Vol. 4, n° 1, 2018.

FERNÁNDEZ DE GATTA SÁNCHEZ, DIONISIO. *Creación científica e innovación tecnológica: una aproximación desde el derecho público,* Tirant lo Blanch, Valencia, 2018.

FORO SOCIAL DE LAS AMÉRICAS (Quito: 2004) - FORO MUNDIAL URBANO (Barcelona: 2004) - FORO SOCIAL MUNDIAL (Porto Alegre: 2005). *Carta Mundial del derecho a la ciudad* (2005). Barcelona, septiembre de 2005.

GAILLARD, JEANNE. *Paris, la ville, 1852-1870,* Honoré Champion, París, 1977.

GARNIER, JEAN PIERRE. "Le droit à la ville de Henri Lefebvre à David Harveyentre théorisations et réalisation". En: *Homme et la societé: revue internationale de recherches et de synthèses sociologiques,* n° 191, 2014.

GAUTHIER, GUSTAVO. "Contratos de trabajo inteligentes (smartlabourcontracts)", *Revista de Derecho del Trabajo,* n° 20, 2018, Montevideo.

GIMÉNEZ GARCÍA, JOAQUÍN. "El urbanismo como escenario delictivo", en: AAVV. *Corrupción y urbanismo,* Universidad de Deusto-Cuadernos Penales José María Lidón, n° 5, Bilbao, 2008.

GONZÁLEZ BUENDÍA, FRANCISCO. "Las dificultades actuales de la ordenación del territorio y el urbanismo". En: *Revista de Derecho Urbanístico y Medio Ambiente,* n° 322, 2018.

GONZÁLEZ-VARAS IBÁÑEZ, SANTIAGO. "Pasado, presente y futuro del Derecho urbanístico". En: *Revista de Derecho Urbanístico y Medio Ambiente,* n° 311, 2017.

GOROSITO ZULOAGA, RICARDO. "Los Principios en el Derecho Ambiental". En: *Revista de Derecho,* n° 16, 2017.

GRIMALDI CASTRO, LINDOLFO. *Interpretación y reglamentación de las Variables Fundamentales.* Cuadernos de la Universidad Simón Bolívar-Serie Urbanismo, n° 2, Caracas, 1994.

GUERRERO MANSO, CARMEN DE. *La zonificación de la ciudad: concepto, dinámica y efectos.* Thomson-Reuters-Aranzadi, Pamplona, 2012.

HABERMAS, JÜRGEN. "Arquitectura moderna y postmoderna". En: *Revista de Occidente,* n° 42, 1984, Madrid.

JORDANO FRAGA, JOSÉ. "La Administración en el Estado ambiental de Derecho", *Revista de administración pública (RAP),* n° 173, 2007

KÖLLING, GABRIELLE. y PAULALEITE, THIAGO DE. "Nanotecnologia e riscos sanitários". En: *Derecho, gobernanza e innovación: Dilemas jurídicos de la contemporaneidad en perspectiva transdisciplinar* (Coord. María Manuela Magalhães, Dir. Rubén Miranda Gonçalves y Fábio da Silva Veiga). Universida de Portucalense, Lisboa, 2017.

LAVEDAN, PIERRE. *Nouvelle histoire de Paris - Histoire de l'urbanisme à Paris,* Diffusion Hachette, París, 1993.

LE CORBUSIER. *Principios de urbanismo. La Carta de Atenas.* Editorial Ariel, Barcelona, 1971.

LEFEBVRE, HENRI. *Le droit à la ville.* Anthropos Éditions, París, 1968.

LEGERÉN-MOLINA, ANTONIO. "Los contratos inteligentes en España (La disciplina de los smartcontracts)", *Revista de Derecho Civil,* Vol. 5, n° 2, 2018.

LÓPEZ GARCÍA, JOSÉ ANTONIO. *Soberanía y derechos humanos en el siglo XX.* En: AAVV. *Historia de los derechos fundamentales: Constituciones* (Francisco Javier Ansuátegui Roig, José Manuel Rodríguez Uribes, Gregorio Peces-Barba Martínez y Eusebio Fernández García, coord.). Dykinson - Instituto de

Derechos Humanos "Bartolomé de las Casas" de la Universidad Carlos III, Madrid, 2013, Tomo IV, Vol. VII, pp. 685-733.

MACINTYRE, ALASDAIR. *Tres versiones rivales de la ética. Enciclopedia, Genealogía y Tradición*, Editorial Rialp, Madrid, 1992.

MANCUSO, FRANCO. *Las experiencias del zoning*. Editorial Gustavo Gili, Barcelona, 1980.

MARTÍN MATEO, RAMÓN. *La gallina de los huevos de cemento*. Thomson-Civitas, Madrid, 2007.

MASSINI, CARLOS IGNACIO. *La desintegración del pensar jurídico en la edad moderna*, Abeledo-Perrot, Buenos Aires, 1980.

MATAMOROS, BLAS. "De tropiezos y retornos". En: *Cuadernos hispanoamericanos*, n° 594, 1999.

MENGOLI, GIAN CARLO. *Manuale di Diritto Urbanistico*. Giuffrè Editore, Milán, 2009.

MONTOYA RUIZ, ANA MILENA. "Aproximaciones sobre el derecho a la ciudad de las mujeres desde un enfoque de seguridad humana". En: *Ratio Juris*. Vol. 7, n° 15, 2012.

MORÍN, ÉDGAR. *Los siete saberes necesarios para la educación del futuro*, Pontificia Universidad Javeriana, Colección Orientaciones universitarias, n° 28, Santa Fe de Bogotá, 2000.

MÜLLER, INGO. *Los juristas del horror. La justicia de Hitler, el pasado que Alemania no puede dejar atrás*, Ediciones de Álvaro Nora, trad. Carlos Armando Figueredo, Caracas, 2009.

NAVAS NAVARRO, SUSANA. (Coord.) *Inteligencia artificial: tecnología, Derecho*, Tirant lo Blanch, Valencia, 2017.

ONU-HÁBITAT III. *Nueva Agenda Urbana*. Quito, octubre de 2016.

ORESTANO, RICCARDO. *Introducción al estudio del Derecho Romano*, Universidad Carlos III, Madrid, 1997.

PAQUOT, THIERRY. Le droit à la ville et à l'urbain. En: *Alterarchitectures Manifesto: observatory of innovative architectural and urban process in Europe*. (Yvette Masson Zanussi, Thierry Paquot, Marcos Stathopoulos, Coord.), Bruselas, 2012.

PAREJO ALFONSO, LUCIANO. "La actuación administrativa a caballo. De la división entre normación y simple ejecución y el caso de la planificación y el plan", *Revista de Derecho Público: Teoría y Método*, Vol 1, 2020.

_____. "El plan urbanístico no es solo norma. En pro de la superación de la doctrina simplificadora de su naturaleza". En: *Práctica urbanística. Revista Mensual de Urbanismo,* nº 144, 2017.

_____. "Reflexiones sobre la evolución del sistema urbanístico desde sus fundamentos". En: *Revista de Derecho Urbanístico y Medio Ambiente,* nº 311, 2017.

_____. *La disciplina urbanística.* Iustel, Madrid, 2012.

PARIOTTI, ELENA. "Law, uncertainty and emeringthecnologies: towards a constructive implemtation of theprecautionary principle in the case of nanotechnologies", *Persona y derecho: Revista de fundamentación de las Instituciones Jurídicas y de los derechos humanos*, nº 62, 2010.

PEÑA MERÍ, RICARDO. "Historia de los algoritmos y de los lenguajes de programación", *Novática: Revista de la Asociación de Técnicos en Informática*, nº 209, 2011.

PÉREZ CASTEÑÓN, JOSÉ MANUEL. *El riesgo permitido en el Derecho penal (Régimen jurídico-penal de las actividades peligrosas).* Ministerio de Justicia e Interior, Madrid, 1995.

PÉREZ-MARÍN BENÍTEZ, ANTONIO. "Derecho de propiedad, dotaciones públicas y urbanismo: apuntes de urgencia a la luz de la jurisprudencia del Tribunal de Justicia de la Unión Europea y del Tribunal Europeo de Derechos Humanos". En: *Actualidad administrativa,* n° 9, 2017.

PINON, PIERRE. *Atlas du Paris haussmannien - La ville en héritage du Second Empire à nos jours*, Parigramme, París, 2002.

PIPARD-THAVEZ, DOMINIQUE. *Le nouveau droit de l'urbanisme*. M.B. Édition, París, 2004.

RICO-JUAN, JUAN RAMÓN. *Esquemas algorítmicos*. Servicio de Publicaciones de la Universidad de Alicante, Alicante, 2003.

RIEBER DE BENTATA, JUDITH. "Comentarios a la Ley Especial de Regularización Integral de la Tenencia de la Tierra de los Asentamientos Urbanos Populares". En: *Revista de Derecho Público*, n° 107, 2006.

RODRÍGUEZ-ARANA MUÑOZ, JAIME y FERNÁNDEZ CARBALLAL, ALMUDENA. *La buena administración del urbanismo. Principios y realidades jurídicas*. Tirant Lo Blanch, Valencia, 2018.

RODRÍGUEZ-ENNES, LUIS. "El Derecho Romano y la Ilustración". En: *Seminarios complutenses de Derecho Romano*, n° VI, 1994.

RÜTHERS, BERNARD. *Derecho degenerado: teoría jurídica y juristas de cámara en el Tercer Reich*, Marcial Pons, Madrid, 2016.

SÁNCHEZ DE LA TORRE, ÁNGEL. *Crisis y recreación del Derecho*, Instituto de España, Madrid, 2001.

SANCHO REINOSO, ALEXIS. "Rurizad lo urbano, urbanizad lo rural. La geografía y la ordenación del territorio ante la España vacía", *Revista cuatrimestral de geografía*, Vol. 37, n° 1, 2017.

SARMIENTO, DANIEL. *El Soft Law Administrativo. Un estudio de los efectos jurídicos de las normas no vinculantes de la Administración*. Ediciones Thomson-Civitas, Madrid, 2008.

SECRETARÍA DISTRITAL DE PLANEACIÓN DE LA ALCALDÍA MAYOR DE BOGOTÁ (D.C.). Decreto 364 contentivo del Plan de Ordenamiento Territorial (POT) de Bogotá, 2013.

SEMPERE-SOUVANNAVONG, JUAN-DAVID; CUTILLAS ORGILÉS, ERNESTO y GONZÁLEZ PÉREZ, VICENTE. *La población en España: 40 años de cambio (1975-2015),* Servicio de Publicaciones de la Universidad de Alicante, Alicante 2017.

SERVICE INNOVATION LAB (LABPLUS). *Better rules for Government Report.* Wellington (Nueva Zelanda), marzo de 2018. https://www.digital.govt.nz/dmsdocument/95-better-rules-for-government-discovery-report/html

SILVA SÁNCHEZ, JESÚS M. *La expansión del Derecho penal. Aspectos de la política criminal en las sociedades postindustriales.* Edisofer/Euro Editores, Buenos Aires, 2011.

SS. FRANCISCO. *Carta Encíclica Laudatio Si, sobre el cuidado de la casa común.* AAS, n° 107, 9 de fecha 04.09.2015, Roma.

STEINER, CHRISTOPHER. *Automatethis: How Algorithmscameto Rule the World.* Penguin, New York, 2012.

SUBIRATS, EDUARDO. "La ciudad fractal", *Astrágalo: revista cuatrimestral iberoamericana,* n° 4, 1996.

TEITELBAUM, A. *La crisis actual del derecho al desarrollo,* Universidad de Deusto-Servicio de Publicaciones, Bilbao, 2001.

Thaesarus Lingua Latinae, Leipzig: B.G. Teubneri, 1966, Vol. VIII, p. 244.

URBINA MENDOZA, EMILIO J. *El Derecho urbanístico en Venezuela (1946-2019). Entre la tentación centralizadora y la atomización normativa de la ciudad venezolana sofocada.* Editorial Jurídica Venezolana, Caracas, 2019.

_____. "El control de la convencionalidad de los derechos fundamentales contemplados en las cartas globales sobre el derecho a la ciudad y su aplicabilidad en el Derecho urbanístico interno. Un caso de estudio: el Derecho urbanístico venezolano", *Revista Americana de Urbanismo (RADU)*, n° 2, 2019.

_____. "La transformación inconstitucional del concepto sobre equipamiento urbano como <escala de regionalización> en el Decreto-Ley de Regionalización Integral para el Desarrollo Socioproductivo de la Patria". En: *Revista de Derecho Público*. n° 140, 2014.

_____. "El régimen jurídico del urbanismo en Venezuela: un extraño e inacabado rompecabezas en los inicios del siglo XXI". En: *Boletín de la Academia de Ciencias Políticas y Sociales,* n° 145, 2007.

_____. "La nueva Ley Orgánica de Planificación y Gestión del Territorio y su inserción en la historia de la normativa urbanística nacional", *Revista Iuridica*, n° 3, 2006, Universidad Arturo Michelena, Valencia (Venezuela).

VACQUER CABALLERÍA, MARCOS. *Derecho del territorio*, Editorial Tirant Lo Blanch, Valencia, 2018.

VALENCIA RAMÍREZ, JUAN PABLO. "Contratos inteligentes", *Revista de Investigación en Tecnologías de la Información: RITI,* Vol. 7, n° 14, 2019.

VIDAL FERNÁNDEZ, FERNANDO. "La modernidad como edad de universalización: revisión del programa weberiano de modernización". En: *Miscelánea Comillas,* n° 126, 2007.

VILELLA BAS, SANTIAGO. "Crecimiento de la ciudad y fractales", en: *AAVV. X Congreso Internacional de Expresión Gráfica aplicada a la Edificación: Nuevas líneas de investigación en Ingeniería de Edificación*, Alicante, 2010.